구원을 못 받게 방해하는
원죄와 자범죄와 회개기도

구원을 못 받게 방해하는
원죄와 자범죄와 회개기도

ⓒ 공대식, 2024

초판 1쇄 발행 2024년 11월 22일

지은이   공대식
펴낸이   이기봉
편집   좋은땅 편집팀
펴낸곳   도서출판 좋은땅
주소   서울특별시 마포구 양화로12길 26 지월드빌딩 (서교동 395-7)
전화   02)374-8616~7
팩스   02)374-8614
이메일   gworldbook@naver.com
홈페이지   www.g-world.co.kr

ISBN   979-11-388-3727-9 (03230)

구원을 못 받게 방해하는 원죄와 자범죄와 회개기도

공대식 지음

신앙은 액세서리가 아니다

영혼이 죽느냐 사느냐의 문제다
죄인으로 구원받지 못할 바엔
이 세상에 태어나지 않는 게 복이다

좋은땅

2~3년 전부터 책을 출간하여 복음을 전하고 싶었는데, 바쁜 일정 속에 시간을 내지 못하다가 하나님의 은혜로 뜻하지 않은 기회가 와서 본 책을 출간하게 되어 하나님께 감사드린다.

지난 2024년 7월 26일 계단에서 운동하다 미끄러져 넘어져서 오른쪽 발목뼈가 부러지는 골절상을 당했다. 어쩔 수 없이 1개월 넘는 기간을 꼼짝 못 하고 병원과 집에만 있게 되어 기회는 이때다 하고, 본 책의 원고를 집필하게 되었다. 인생사 생각하기 나름인 것 같다.

지금은 이 세상에 없는 여동생의 소아마비와 간질병 문제를 어떻게 하면 해결할 수 있을까 어린 나이에 고민하던 중, 성경 사복음서에 예수님으로 말미암아 병 고침을 받는 이야기가 많이 기록되어 있어 관심을 갖게 되었다.

이후 한때 불교에 심취하기도 하였지만, 현실성이 없다고 판단하여 그만뒀다. 그리고 88 서울올림픽이 열렸던 1988년부터 성경을 읽기 시작하였고, 현재 17번째 읽는 중이다.

성경을 읽으면서 자연적으로 죄가 드러났고, 죄를 해결하기 위해 각서에 피 도장을 찍는 맹서도 해 봤다. 기도 중에 불도 받아 보고, 기도로 아내의 병 낫는 체험도 했지만, 죄 문제가 해결되지 않아 늘 구원받은 죄인이었다. 특히, 원죄와 자범죄와 회개기도와 구원받은 죄인이란 사탄의 창살 없는 감옥에 마음과 생각이 묶여, 오랜 세월 죄로 고통받았다.

그러다 본문 내용대로 지난 2002년 11월 30일 죄에서 완전한 해방, 구원을 받았다. 구원받은 이후 기도와 묵상 중에 하나님이 깨우쳐 주신 말씀과 구원받기 전의 어려웠던 일들을 정리하여, 여러분과 공유하는 게 좋겠다고 생각하였다.

하나님 앞에 거듭난 그리스도인으로서 보화와 같은 말씀과 은혜의 간증을 전하지 않고, 땅속과 같은 내 마음속에 묵혀 두는 것은 죄라고 생각하여 부족하지만 세상에 드러내기로 하였다.

2024년 8월 28일 저자 공대식

목차

1.

인생은 바지사장

겉으로 볼 땐 내가 죄를 범하는 것 같지만,

하나님의 말씀은 내 속에 있는 사탄이 꼭두각시 인형을 조종하듯,

내가 죄를 범하도록 조종하고 있다고 증거한다.

"지피지기 백전불태, 불패(知彼知己百戰不殆, 不敗)"는 중국 전국 시대 때 지어진 유명한 병법서 『손자병법』 모공(謀攻)편에 나오는 내용이다. 싸움에 임하는 장수가 제일 먼저 해야 할 임무는 적군의 상황과 아군의 상황을 냉정하게 판단하고 정확히 파악하는 것이다. 그런 다음 상황에 맞는 병법과 전술로 전쟁에 임하면 위험에 처하지 않고 반드시 승리한다는 것이다.

여호와 하나님을 믿는 신앙생활에서도 지피지기 백전불태, 불패(知彼知己百戰不殆, 不敗)의 마음가짐이 꼭 필요하다고 생각한다. 신앙생활에 성공하기 위해선 사탄의 정체를 정확히 파악하고 알아야 하는데, 지금까지 우리 기독교인들은 신앙생활을 방해하고 실패하게 하는 적군(敵軍)과 같은 사탄을 너무 모르는 것 같다.

바지사장과 헛똑똑이!

자신이 잘났고 똑똑한 줄 알지만, 실제는 타인에게 이용당하면서도 이용당하는 줄 모르는 어리석은 사람을 두고 하는 말이다.

이 세상 모든 사람들 대부분, 아니 거의 모든 사람들 대다수가 죄를 범하는 것은 못난 자신의 책임이라고 자신에게 책임을 돌리며 뉘우치고 한탄하며 후회하면서 살아갈 것이다.

다음부터는 죄를 범하지 말아야지 하면서 여전히 다람쥐 쳇바퀴 돌 듯하는 죄를 범하고 나서, 자신을 자책하며 다시는 죄를 범하지 않겠다고 또 결심하며 또 다짐을 한다.

죄를 범하고 나서 자책과 반성의 방법으로 내가 결심이 부족해서, 결단력이 약해서, 수양이 부족해서, 인성이 덜돼서, 덕이 부족해서, 심지어는 주위 환경을 탓하며 주변 사람들에게까지 책임을 떠넘기기도 한다.

이렇게 사람들은 죄를 범하게 하는 주체가 자기 자신이라고 생각하고 믿고 있기 때문에, 어쩔 수 없이 자기 자신의 노력과 방법으로 죄에서 벗어나려고 발버둥치고 있는 것이다.

그러나 성경에서 '하나님의 말씀은 그렇지 않다'고 말씀하신다.

[로마서 7장]

15절 내가 행하는 것을 내가 알지 못하노니 곧 내가 원하는 것은 행하지 아니하고 도리어 미워하는 것을 행함이라

16절 만일 내가 원하지 아니하는 그것을 행하면 내가 이로써 율법이 선한 것을 시인하노니

17절 이제는 그것을 행하는 자가 내가 아니요 내 속에 거하는 죄니라

18절 내 속 곧 내 육신에 선한 것이 거하지 아니하는 줄을 내가 아노니 원함은 내게 있으나 선을 행하는 것은 없노라

19절 내가 원하는 바 선은 행하지 아니하고 도리어 원하지 아니하는 바 악을 행하는도다

20절 만일 내가 원하지 아니하는 그것을 하면 이를 행하는 자는 내가 아니요 내 속에 거하는 죄니라

21절 그러므로 내가 한 법을 깨달았노니 곧 선을 행하기 원하는 나에게 악이 함께 있는 것이로다

22절 내 속사람으로는 하나님의 법을 즐거워하되

23절 내 지체 속에서 한 다른 법이 내 마음의 법과 싸워 죄의 법으로 나를 사로잡는 것을 보는도다

24절 오호라 나는 곤고한 사람이로다 이 사망의 몸에서 누가 나를 건져내랴 (대한성서공회. 이하 출처 동일)

본문 하나님의 말씀은 죄를 범하게 하는 것은 우리 사람이 아니라, 우리 마음 안에 있는 죄, 즉 사탄이라고 말씀하셨다.

이 말은 필자의 주장이 아님을 기억해 주기 바란다.

바지사장!

바지사장은 실권이 없는 껍데기 사장이다. 어떤 불법 유흥업소를 운영하는 돈 많은 실질적인 사장이 약간의 돈과 감언이설로 헛똑똑이인 사람을 허수아비 바지사장에 앉혔다.

이 실질적인 사장은 유흥업소 영업을 하며 온갖 불법, 탈법의 방법으로 폭력과 인신매매는 물론 성매매와 가짜 술을 판매하고 심지어 세금을 떼어먹는 탈세까지도 서슴없이 저질렀다.

꼬리가 길면 잡힌다고 이 불법적인 영업을 자행한 실세사장은 결국 경찰과 세무당국에 적발되었다. 그러자 실세사장은 모든 불법, 탈법적인 책임을 헛똑똑이 바지사장에게 몽땅 뒤집어씌웠다. 그리고 실세사장은 돈은 돈대로 챙기고, 이 모든 불법, 탈법에 대한 책임을 지지 않고 사라져 버렸다. 우리 인생이 이렇다. 뭔가에 홀린 듯 열심히 노력하며 악착같이 살았는데 결과는 욕망이란 존재에게 이용당하여 건강과 재산을 잃는 등 허무하게 빈손인 경우가 허다하다.

신앙에서도 마찬가지다.

로마서 7장 20절에서 하나님의 말씀은, 우리 사람들은 선을 행하기 원하지만 원치 않는 악을 행한다고 말씀하셨다.

이 말씀은 우리 사람들은 하나님의 말씀대로 율법과 계명을 잘 지키고 행하여 착하게 살면서 구원받고 복 받기를 원한다.

그러나 현실적으로 사람들은 율법과 계명을 한 조항이라도 빠짐없이 완벽하게 지키는 사람은 없고, 단 한 명도 있을 수가 없다는 것이다.

이처럼 사람은 율법이 하라고 하는 것은 할 수가 없고, 율법이 하지 말라는 것은 할 수밖에 없어서, 온전히 율법을 지킬 수가 없다는 것이다.

하나님의 율법과 계명을 온전히 지키지 못하는 것은, 우리 마음속에 간첩처럼 잠복하고 있는 사탄, 죄가 방해해서 지킬 수가 없다는 것이다.

사람들은 이를 알지 못하고 계속해서 지키려고 도전하고 또 도전하고, 그 시도와 도전이 아담 이후 오늘날까지 계속해서 끊임없이 이어지고 있는 것이다.

로마서 7장 24절의 "오호라! 나는 곤고한 사람이로다. 이 사망의 몸에서 누가 나를 건져내랴"라는 말씀처럼, 이제 우리 모두는 하나님께 회개하는 마음으로 항복해야 한다.

이제 우리는 우리 스스로가 노력해서 죄를 이기고, 율법과 계명을 완벽하게 지킨 그 조건으로 하나님의 은혜와 복을 받으려는 시도를 끝내야 한다.

그리고 하나님의 은혜를 구하는 낮은 마음을 가져야 한다.

[마태복음 11장]

28절 수고하고 무거운 짐 진 자들아 다 내게로 오라 내가 너희를
　　 쉬게 하리라

앞에서 기술한 것처럼 우리가 하나님 앞에 성경을 읽거나 헌금을
허리가 휘도록 많이 하거나 기도를 잘하고 봉사와 전도 등등… 무얼
잘해서 그 노력과 공로로 은혜를 입고 복을 받으며 구원을 받으려고
하면 할수록, 은혜와 복과 구원이 가까워져서 이루어지는 게 아니라,
점점 더 멀어져서 안 된다는 것을 확실히 알아야 한다.

사탄은 그리스도인들에게 신앙생활 대충대충 하라고 하지 않는
다. 기왕에 신앙생활 할 거면 율법 완벽하게 잘 지키며, 온전한 십일
조와 각종 헌금 정확히 많이 드리고, 기도생활 잘하는 등 뭐든지 열
심히 잘하라고 부추긴다.

이렇게 열심히 자칭 신앙생활 잘하는 사람 마음엔 예수 그리스도
의 십자가 은혜가 임할 공간이 없다.

다시 한 번 더 강조하는데, 이렇게 신앙생활 잘해야겠다는 생각을
일으키며, 예수 그리스도의 십자가 은혜를 거부하게 하여 구원을 못
받게 방해하는 존재가 내가 아니고 내 속에 간첩처럼 잠복하고 있는
죄, 사탄이라는 것이다.

이래서 인생은 보이지 않는 죄, 사탄에게 조종당하고 있는 꼭두각
시 인형 같고 실권 없는 바지사장이다.

이렇게 절망에 빠진 우리들에게 예수님은 말씀하셨다. 율법에 찌
들어 수고하며 무거운 짐을 진 자들은 다 예수님 앞으로 오라고 말씀
하셨다.

그리고 예수님은 우리가 율법과 계명을 지켜서 이루지 못할 거듭나는 구원을, 우리를 대신하여 십자가의 성령세례로 이루어 주셔서 우리를 의롭게 해 주셨다.

예수님이 첫 사람 아담으로부터 이 세상 마지막 날 최후 한 사람까지의 모든 죄와 저주를 담당해서 십자가에서 죽었다가 부활하심으로 믿는 사람들을 거룩하게 해 놓으셨다.

믿는 사람들의 과거, 현재, 미래까지의 모든 죄를 씻어 주시고 저주를 제거하며 의인으로 거듭나서 구원받게 해 주신 것이다. 거듭나는 구원을 앞으로 해 주실 것이 아니라 2,000여 년 전 십자가에서 이미 완성해 주셨다.

다시 또 더 강조해서 말하는데, 십일조와 각종 헌금 등 율법과 계명을 잘 지켜서 은혜 받고 구원받으라는 삯꾼 전도자들의 말에 속지 말고, 넘어가지 말고, 홀리지 말자.

죄를 범했으니까 죄인이라는 내 생각을 인정하지 말고 부인하여 죄, 사단의 말장난에 넘어가지 말아야 한다.

그리고 예수 그리스도의 십자가 은혜로 죄가 사해져서 죄가 없다는 성경의 하나님 말씀을 믿는 것이 진짜 예수님을 믿는 믿음이고, 사탄에게 이용당하지 않는 믿음이다.

이제 제발 더 이상 허수아비 바지사장 노릇 그만하고, 헛똑똑이 허수아비 바지사장 노릇을 끝내야 한다.

2.

선악과를 먹으면
왜 죄인이 되는 걸까?

아담에게 금지된 과일을 주는 하와

[창세기 2장]

16절 여호와 하나님이 그 사람에게 명하여 이르시되 동산 각종 나무의 열매는 네가 임의로 먹되

17절 선악을 알게 하는 나무의 열매는 먹지 말라 네가 먹는 날에는 반드시 죽으리라 하시니라

필자는 성경을 읽을 때, '선악을 알게 하는 나무열매를 먹으면 좋은 거 아니야? 그런데, 왜 먹으면 죄인이 된다고 하는 거지?' 하며 이해를 못 하였다.

그리고 교회에서 목사님들이 설교할 때, 자세한 설명도 없이 여호와 하나님이 먹지 말라 명한 선악과를 아담이 먹어서 모든 사람이 죄인 되었다고 하니까 그냥 그런 줄 알았다.

그런데 마음에서 거듭나는 구원이 이루어지고 나서, 하나님이 선악과를 먹으면 왜 죄인이 되는지 그 이유를 정확히 알게 해 주셨다. '아! 이래서 하나님이 아담에게, 우리 사람들에게 선악과를 먹지 말라고 말씀하신 거구나' 하고 의문(疑問)이 풀렸다.

하나님은 아담 안에서 사람들이 선악과를 먹고 죄를 범할 걸 다 아시면서, 뭐 하러 쓸데없이 선악과를 만드셔 갖고 사람들이 저주받고 지옥에 가게 하는지 이해를 못 하겠다고 항의하며, 그게 무슨 사랑의 하나님이냐고 반문(反問)하며 따지는 사람들을 더러 본 적도 있다.

아담은 사람으로 인류 전체를 대표하는 대명사다. 그래서 아담이 먹은 선악과는 내가 아담 안에서 먹은 거다.

아담뿐만 아니라, 아담으로부터 이 세상의 현재까지의 사람들과 미래의 모든 사람들까지 다 포함된다.

아담이 선악과를 먹어서 하나님 앞에 죄인이라는데 그것이 도대체 무엇일까?

종교 자체를 부정하고 하나님을 거부하며 믿지 않는 사람들의 마음에도 선악과의 선에서 나온 자신을 믿는 마음이 있다. 보이지 않는 신을 믿을 바엔 자신의 건강과 지식 및 지혜와 경제력을 의미하는 힘의 상징인 주먹을 믿으라고 큰소리친다.

그리고 하나님을 믿는 그리스도인들에게는 선악과의 선에서 나온 사탄의 연막전술이 기가 막히고 먹혀들고 있다.

예수님이 십자가에서 이루신 성령세례는 원죄를 씻어 주신 것이고, 자범죄는 회개기도를 해야 씻어지기 때문에 인간은 하나님 앞에 늘 구원받은 죄인이라는 것이다.

선악과의 선에서 나온 양심으로 예수님의 성령세례를 믿지 못하게 유도하고, 결과적으로 기독교가 타종교와 다를 것이 없게 만드는 사탄의 놀라운 연막전술이다.

사람(아담)이 선악과를 먹으면, 사람의 마음이 하나님의 말씀을 믿지 않고 거부하는 쪽으로 흘러가서 저주받고 멸망당하기 때문에 하나님은 먹지 말라고 금하셨고, 뱀, 사탄은 먹게끔 유도한 것이다.

만약에 아담이 선악과를 안 먹었다면, 제일 먼저 우리는 하나님 앞에 죄인이 되지 않았을 것이다.

그리고 사람들 마음에 죄성인 악이 없으니까 음란, 사기, 폭력, 절도, 강도, 살인 등 각종 범죄와 악한 생각이 일어나지 않았을 것이다.

또한 사람들 마음에 양심과 자존심의 뿌리라 할 수 있는 죄성인 선이 없으면 개인 간의 다툼과 국가 간에 전쟁도 일어나지 않을 것이라고 생각해 본다.

아담이 선악과를 먹은 선에서 자존심이 나왔다. 양심에서 나오는, 옳다 하는 마음과 자존심을 툭! 하고 건드려 보라. 개인 간의 싸움은 물론 국가 간에 전쟁도 불사한다.

전쟁은 남의 나라 영토와 주권을 빼앗으려는 나쁜 마음과 욕심에서 일어나기도 하지만 꼭 그런 것만은 아니다. 내 쪽에서 볼 때, 선한 마음에서 일어나는 자존심과 복수와 굴욕 등을 참지 못하고 일어나는 전쟁이 더 많다.

선악과의 선에서 나온, 사람의 옳다고 하는 생각이 다 옳은 게 아니란 것이 시간이 지나서 밝혀지는 것도 있다. 수사와 재판과정을 거쳐 죄인을 처벌했는데, 심지어 사형 집행까지 마친 사건에서 잘못된 수사와 재판이 나중에 밝혀지는 사례들을 신문과 방송 뉴스를 통해 읽거나 들은 적이 있다.

인간의 옳다 하는 판단으로 소중한 생명을 빼앗는 비극이 발생했고, 이런 비극을 방지하고자 사형제도 폐지를 주장하는 사람들의 설득이 힘을 얻고 있다 할 것이다.

우리 모든 사람이 아담 안에서 먹은 선악과의 영향으로 나쁜 것만 있는 것은 아니다. 사람의 마음엔 선악과를 먹어서 만들어진 양심이 있다. 그리고 양심을 바탕으로 사회를 구성하고 유지하는 윤리와 도덕과 체면 등이 생겨났다. 윤리와 도덕의 근본인 양심으로 사회의 안녕과 질서 유지를 못 할 때 강제하는 법을 사람들은 필요에 의해 제정하였다.

본문에선 그리스도인들을 독자로 하는 것이니만큼, 선악과가 그리스도인들에게 미치는 것으로 한정하겠다.

선악과를 먹어서 사람들 마음에 옳은 것과 틀린 것, 좋은 것과 나쁜 것 등을 선택하는 선택권이 생겼다.

성경에서 하나님의 말씀은, 예수 그리스도의 십자가 보혈의 은혜로 사람들의 모든 죄가 다 씻어져서 죄가 없는 의인이라고 말씀하셨다.

[로마서 3장]
23절 모든 사람이 죄를 범하였으매 하나님의 영광에 이르지 못하더니
24절 그리스도 예수 안에 있는 속량으로 말미암아 하나님의 은혜로 값없이 의롭다 하심을 얻은 자 되었느니라

말씀에서도 분명히 값없이 의롭다 하심을 얻은 자 되었다고 증거하고 있다.

그런데 선악과의 선에서 나온 사람들의 옳은 마음, '내 생각이 옳아!' 하는 이 생각이 하나님이신 예수님의 은혜를 못 받게 차단하고 있는 것이다.

값없이 의롭다 하심을 얻은 자가 되었다는 것은, 예수님의 십자가 보혈의 은혜로 거듭나는 구원을 받았다는 거다.

오늘날 교회를 다니는 대부분의 그리스도인들은 예수님이 우리를 대신해 죽으셔서, 죄를 씻어 주셨다는 것은 알고 있는데, 원죄만을

씻어 주셨다고 잘못 알고 있다는 거다.

그래서 자범죄는 눈물, 콧물 쏟으며 죄를 용서해 달라고 하는 회개기도와 자백을 해야 씻어진다고 믿고 있다는 거다.

성경에 하나님은 죄라고 말씀하셨지, 죄를 분리해서 원죄와 자범죄라고 말씀하지 않으셨다.

그럼 원죄와 자범죄는 어디에서 온 걸까?

그건 선악과를 먹어서 만들어진 사람들 마음과 양심에서 샘물이 솟아오르듯 자연적으로 나온 것이다.

죄를 원죄와 자범죄로 분리하고, 구원받은(실제는 구원이 아님) 이후 범하는 자범죄를 용서해 달라고 하는 회개기도를 수없이 해 보라. 더 이상 죄를 안 짓고 죄를 씻을 수 있는가.

회개기도를 한없이 해도 죄가 씻어지지 않으니까, 사탄은 사람의 소리로 사람들의 생각인 것처럼 위장을 해서 '구원받은 죄인'이란 그럴싸한 말을 만들어 냈다.

그리고 '구원받은 죄인'이란 말도 안 되는 엉터리 거짓말로 사람들의 마음을 죄인이란 창살 없는 감옥에 가둬 두고, 죄인이란 생각의 감옥에서 빠져나오지 못하게 철저히 감금하고 있는 것이다.

생각을 해 보라! 죄를 깨끗이 사함받아서 구원을 받았으면 구원받은 의인이지, 어떻게 구원받은 죄인이란 말인가?

선악과를 먹어 마음에서 만들어진 판단과 선택권으로, "하나님의 은혜로 값없이 의롭다 하심을 얻은 자 되었느니라"는 말씀을 믿을 것인지 아니면, 원죄는 예수님의 십자가 보혈로 사해졌지만, 스스로 범한 자범죄는 회개기도를 해야 죄가 씻어진다고 하는 내 생각 중 어느 것을 선택해서 믿을 것인지는 각자의 선택이다.

[마태복음 12장]
36절 내가 너희에게 이르노니 사람이 무슨 무익한 말을 하든지 심
    판 날에 이에 대하여 심문을 받으리니
37절 네 말로 의롭다 함을 받고 네 말로 정죄함을 받으리라

36~37절 말씀은 깊은 생각 없이 무심코 양심에서 나오는 생각대
로 죄를 범했으니까 죄인이라는 말을 하면, 죄인이라는 말로 정죄함
을 받는다는 것이다.

반대로 죄를 범했어도 죄인이라는 인간적인 생각을 부인하고 예수
님의 은혜를 받아들여 의롭다 믿으면 의롭다 함을 받는다는 것이다.

성경의 하나님 말씀에서 말하는 악하고 나쁜 것은 선악과를 먹어
서 만들어진 사람의 마음이고 생각이다.

반대로 좋은 것은 하나님의 마음에서 나온 말씀이다.

이렇게 좋은 것과 나쁜 것을 판단하고 선택해서 믿는 믿음이 아니
라면, 진정한 믿음이 아니다. 그건 그냥 무비판적이며, 무조건적으
로 믿는 맹신이다.

하나님은 우리 사람들에게 무조건적으로 믿는 맹신이 아니라, 죄
를 범했으니까 죄인이라는 내 생각을 부인하고, 예수님이 십자가 보
혈로 이루신 성령세례의 은혜를 진정으로 느끼며 감사하고 고마워
하는 마음과 믿음을 갖게 되기를 소망하셨다.

그래서 하나님은 감사하고 고마워하는, 그 마음에서 우러나오는

믿음을 맛보시기 위해 선악과를 허락하셨다고 필자는 생각한다.

3.

물과 성령으로
거듭난다는 것은 무엇인가?

세례자 요한은 유대왕 헤롯 때에 아론의 후손 아비야 반열에 속한

제사장 사가랴의 아들이다. 하나님이 원하는 세례자 요한의 임무는

예수님께 안수하여 세상 죄를 넘기고,

성령세례를 이루어 세상을 구원하는 데 쓰임받는 것이다.

[요한복음 3장]

3절 예수께서 대답하여 가라사대 진실로 진실로 네게 이르노니 사
  람이 거듭나지 아니하면 하나님 나라를 볼 수 없느니라

4절 니고데모가 가로되 사람이 늙으면 어떻게 날 수 있삽나이까
  두 번째 모태에 들어갔다가 날 수 있삽나이까

5절 예수께서 대답하시되 진실로 진실로 네게 이르노니 사람이 물
  과 성령으로 나지 아니하면 하나님 나라에 들어갈 수 없느니라

성경 말씀 구절 중에 예수님과 니고데모가 나눈 대화를 두고 우리 속담에 적용하면, '소귀에 경 읽기'란 비유가 딱 들어맞을 것 같다.

니고데모는 당시 바리새인이며, 산회드린 공회 의원이다. 오늘날로 말하면 종교 지도자 겸 국회의원과 같은 정치인이다. 자존심과 체면 때문인지 니고데모는 낮을 피해 밤중에 예수님을 찾아뵙고 질문 겸 대화를 나누었다. "사람이 어떻게 다시 태어납니까? 어머니 배 속으로 들어갔다가 다시 태어나는 겁니까?" 하고 솔직한 질문을 예수님께 했다.

사람들에게 존경받는 종교 지도자겸 정치인 니고데모는, 진심으로 영의 구원 문제에 관심이 있어서 체면이고 뭐고 다 무시하고 예수님께 거듭나는 구원에 관해 질문을 했다고 본다.

그리고 예수님께 한 니고데모의 질문 내용은, 모든 사람들이 공통적으로 갖는 궁금증이며 해결 못 하는 답답함이다.

예수님은 니고데모의 질문에 대한 답으로, 사람이 거듭나야 한다고 말씀하셨고, 거듭나는 방법은 물과 성령으로 이루어져야 한다고

말씀하셨다.

니고데모가 물과 성령으로 거듭나야 한다는 예수님의 답을 이해를 못 한 것처럼, 지금, 오늘날에도 해석을 못 해 다양한 주장들이 너무 많은 게 현실이다. 천국과 지옥이 있다, 없다를 증명 못 하니까 설명이 장황하게 길어지고, 나중에는 설명하는 사람이나 듣는 사람이 다 같이 지쳐 헷갈려 하다가 포기하고 만다.

물과 성령으로 거듭나야 한다는 말씀을 억지 해석하다 보니 그럴듯한 해석도 있다. 물은 말씀이고, 성령은, 오순절 날 성령이 임해서 방언으로 기도했듯이, 불의 혀 같은 불을 받거나 방언을 하는 등 신비한 체험을 경험하면 그게 거듭난 거라고 주장하고 믿는 사람들도 있다.

거듭나서 구원받는 죄 사함은 예수님의 십자가 보혈의 은혜뿐인데, 불 받고 방언하는 게 구원받은 증거라면 어딘가 이상하지 않은가?

죄를 씻음 받아서 구원을 이루는 것은 예수님의 피밖에 없는데, 불 받고 방언하며 신비한 체험을 하는 게 구원받은 증거라면, 이건 불순물이고 영혼을 죽게 하는 1급 독극물이다.

사람이 목적을 이루고자 하는 말과 행동에는 일관성이 있어야 한다. 하나님도 예수님을 통해 세상을 구원하는 계획과 말씀과 실행에 일관성을 유지하신다. 이랬다저랬다 하시는 하나님이 아니시다.

물과 성령으로 거듭나야 된다는 것은, 예수님의 십자가 보혈의 은혜로 죄를 깨끗하게 씻음받아서 거듭나야 된다는 거다.

성령에서 성을 제하면 영만 남는다.

성령은 거룩한 하나님의 줄임말이고, 여기서 영은 하나님이신 예수님을 말한다.

[요한복음 4장]
24절 하나님은 영이시니 예배하는 자가 영과 진리로 예배할지니라

[베드로전서 3장]
21절 물은 예수 그리스도께서 부활하심으로 말미암아 이제 너희
　　를 구원하는 표니 곧 세례라 이는 육체의 더러움을 제하여
　　버림이 아니요 하나님을 향한 선한 양심의 간구니라

말씀처럼 물은 세례이고 죄에 대한 심판을 뜻한다.
영이신 예수님이 죄에 대한 심판, 세례로 십자가에서 살 찢기고
피 흘려서 대속제물로 죽었다가 부활하심으로 거듭나는 구원을 이
루어 주신다는 것이고, 니고데모 당시에는 예언의 말씀이었다. 이후
예수님이 물과 성령으로 거듭나는 성령세례를 십자가에서 이루어
주셨다.

[마태복음 5장]
8절 마음이 청결한 자는 복이 있나니 그들이 하나님을 볼 것임이요

[요한복음 3장]
3절 예수께서 대답하여 가라사대 진실로 진실로 네게 이르노니 사
　　람이 거듭나지 아니하면 하나님 나라를 볼 수 없느니라

마태복음 5장 8절과 요한복음 3장 3절 말씀에서 동일하게 거듭나서 구원받은 사람만이 하나님 나라를 볼 수 있다고 예수님이 직접 말씀하셨다.

이는 예수님의 은혜로 거듭나서 구원받으면 마음에서 죄가 사라지기 때문에, 마음이 청결한 자가 된다는 것이다.

진짜 거듭난 믿음을 가진 의인은, 죄를 범해도 죄인이 아닌 의인의 믿음을 가졌기 때문에 마음이 청결한 것이다.

이렇게 거듭나서 마음에 죄가 없는 청결한 경험을 가져 보지 못한 사람들은 하나님의 세계와 나라를 이해할 수 없고 알 수가 없다.

그러면 어떤 사람들은 비난하며 말하기를, '야! 이 예수쟁이들 정말 양심도 없구나' 하고 비난할 수도 있을 것이다.

맞다. 구원받은 그리스도인이 구원의 은혜를 잃지 않으려면, 구원받은 이후 죄를 범했으니까 죄인이라는 양심에서 나오는 소리에 회까닥 넘어가면 안 된다.

쉽게, 한 마디로 말해서 '양심에 철판' 깔아야 한다. 그러면 정말로 하나님의 세계가 마음에서 보인다.

단, 구원받은 죄인이라거나, "주여! 이 불쌍한 죄인을 용서하여 주시옵소서" 하며 회개기도라는 걸 하는 사람은, 죄가 있는 죄인임을 인정하는 거라서 마음이 청결한 자가 될 수 없다.

4.
거듭난다는 건
두 번 태어나는 거다

거듭난다는 것은 첫 번째의 태어남과 죽음이 반드시 있어야 한다.

그래야 두 번째로 태어나는 거듭남이 이루어진다.

거듭나는 구원은 아담 안에서 죄인으로 태어나 멸망당할 수밖에 없는 죄인인 사람들을, 구원자 되신 예수님의 성령세례로 영원한 멸망에서 건져 내 주신 것이다.

뉴스를 보거나 읽다 보면, 정치권이나 사회단체와 기업 등에서 사회적 물의를 일으키고서 같은 실수를 반복하지 않겠다는 각오와 변명으로, 뼈를 깎는 고통을 감수하고서라도 새로운 조직과 단체로 '거듭나겠다'고 다짐하는 기사를 접할 수 있다.

성경과 교회에서 말하는 거듭난다는 것은, 정치권이나 사회단체와 기업 등에서 말하고 이해하는 개혁이나 혁신과 새로운 구조조정과 같은 환골탈태(換骨奪胎)보다 강도가 더 센, 반드시 한 번 죽었다가 다시 태어나는 중생(重生)을 말한다.

[요한복음 3장]
4절 니고데모가 이르되 사람이 늙으면 어떻게 날 수 있사옵나이까? 두 번째 모태에 들어갔다가 날 수 있사옵나이까?

[창세기 2장]
16절 여호와 하나님이 그 사람에게 이르시되 동산 각종 나무의 열매는 네가 임의로 먹되
17절 선악을 알게 하는 나무의 열매는 먹지 말라 네가 먹는 날에는 반드시 죽으리라 하시니라

[로마서 5장]

12절 그러므로 한 사람(아담)으로 말미암아 죄가 세상에 들어오고 죄로 말미암아 사망이 들어왔나니 이와 같이 모든 사람(아담의 후손인 모든 사람들)이 죄를 지었으므로 사망이 모든 사람에게 이르렀느니라

성경에서 말하는 첫 번째의 태어남은, 하나님이 아담을 흙으로 만들고, 하나님의 형상인 생기를 아담의 코에 불어넣어서 사람이 생령(生靈)이 된지라 했을 때, 우리 모든 인류는 아담(사람) 안에서 첫 번째로 태어난 것이다.

진정한 거듭남을 모르는 사람들은 어머니로부터 출생한 것을 첫 번째의 태어남이라고 하는데 이는 틀린 해석이다.

그리고 성경에서 말하는 첫 번째의 죽음은, 하나님이 아담에게 선악을 알게 하는 나무의 열매는 먹지 말라고 하셨지만, 아담이 하나님의 명을 어기고 선악을 알게 하는 나무의 열매를 먹음으로써 우리 모두가 아담 안에서 죽은 것이고, 이것이 첫 번째 죽음이며 이로 인해 죄인이 된 것이다.

[로마서 5장]

18절 그런즉 한 범죄로 많은 사람이 정죄에 이른 것 같이 한 의로운 행위로 말미암아 많은 사람이 의롭다 하심을 받아 생명에 이르렀느니라

19절 한 사람(아담)이 순종하지 아니함으로 많은 사람이 죄인 된 것 같이 한 사람(예수님)이 순종하심으로 많은 사람이 의인

이 되리라

우리가 죄인이 되고 죽은 것은 우리가 죄를 범해서가 아니다. 성경의 하나님 말씀에서는 하나님이 아담에게 먹지 말라 명하신 선악과를, 아담이 하나님의 명을 어기고 먹음으로 말미암아 죄인이 되었고, 이게 바로 첫 번째 죽음인 거다.

반대로 죄가 없는 의인으로 거듭나는 것도, 우리의 노력으로 되는 것이 아니라, 예수님의 십자가 은혜로 거듭나는 것이라고 성경에서 로마서 5장 18절과 19절 말씀이 증거하고 있다.

[누가복음 9장]
60절 이르시되 죽은 자들로 자기의 죽은 자들을 장사하게 하고 너는 가서 하나님의 나라를 전파하라 하시고

로마서 5장 19절 말씀처럼 우리는 우리의 행위와 무관하게 아담 안에서 죄인이 되었고, 누가복음 9장 60절의 말씀에서 "죽은 자들"에서처럼 우리는 죽은 자로 이 세상에 태어났다.

이런 우리가, 죄가 없는 의인으로 두 번째 다시 태어나 거듭나는 것은, 예수님이 살 찢기고 피 흘려 우리와 나를 대신하여 죽어 주신 은혜를 믿음으로 이루어진 기적이고 은혜다.

[마태복음 3장]
14절 요한이 말려 이르되 내가 당신에게서 세례를 받아야 할 터인

데 당신이 내게로 오시나이까

15절 예수께서 대답하여 이르시되 이제 허락하라 우리가 이와 같이 하여 모든 의를 이루는 것이 합당하니 라 이에 요한이 허락하는지라

16절 예수께서 세례를 받으시고 곧 물에서 올라오실 새 하늘이 열리고 하나님의 성령이 비둘기 같이 내려 자기 위에 임하심을 보시더니

17절 하늘로부터 소리가 있어 말씀하시되 이는 내 사랑하는 아들이요 내 기뻐하는 자라 하시니라

[요한복음 1장]
28절 이튿날 요한이 예수께서 자기에게 나아오심을 보고 이르되 보라! 세상 죄를 지고 가는 하나님의 어린양이로다

예수님은 인류를 죄에서 구원하는 하나님의 뜻을 이루기 위해 죄인의 피가 흐르는 아담의 혈통인 마리아의 남편 요셉의 피와 살을 물려받아 요셉의 아들로 이 땅에 강림하시면 안 된다. 쉽게 말하자면 보통의 남자와 여자가 결혼을 하여서 보통의 부부들이 행하는 부부관계로 예수님이 임신되면 안 된다는 것이다.

그래서 그 당시 겉으로 볼 때는 마리아의 남편 요셉의 아들이었지만 실제로는 죄가 없는 산 자의 조상인 아담의 아내 하와의 후손이어야 하며 하나님의 성령으로 잉태되어야 했고, 하나님의 아들로 이 땅에 강림하신 거다.

그리고 십자가에서 첫 사람 아담으로부터 이 세상 끝날 최후의 한 사람까지 모든 인류, 모든 사람의 죄를 담당하시고 대속제물(代贖祭物)로 죽었다가 부활하셨다.

세상 죄를 대속하는 대속제물이 되기 위해선 세상 죄를 넘겨받는 과정이 반드시 필요하다.

요단강에서 세례 요한을 통해 세상 죄를 넘겨받는 안수 후에 세례를 받으셨고, 이튿날 요한이 예수님을 보고 세상 죄를 지고 가는 하나님의 어린양이라고 선포한 것이다.(『죄사함 거듭남의 비밀』중 일부, 박옥수 목사)

어떤 사람은 예수님이 세례자 요한을 통해 세례받으실 때, 세례자 요한이 예수님에게 세상 죄를 넘기는 안수를 안 했다고 하는데, 그렇다면 예수님은 헛세례식을 하신 것이고, 십자가에서의 죽음도 쓸데없는 개죽음을 한 거나 마찬가지다.

[레위기 1장]
4절 그는 번제물의 머리에 안수할지니 그를 위하여 기쁘게 받으심이 되어 그를 위하여 속제가 될 것이라

예수님의 순종하심은 요단강에서 세례 요한을 통해 이 세상 모든 죄를 안수를 통해 넘겨받으셨고, 십자가에서 살 찢기고 피 흘려 죽어주심으로 우리 모든 인류의 죄를 씻으셨으며, 이 예수님을 믿음으로 거듭나서 의롭게 되는 거다.

그럼으로 죄인이 되는 것도 믿음이고, 거듭나서 의인이 되는 것도

믿음인 거다.

내가 죄를 범했으니까 죄인이라는 생각은 하나님의 말씀과 맞지 않는 죄인의 생각이고, 이 생각도 하나님 앞의 죄다.

성경에 기록된 하나님의 말씀은 우리가 죄인이 된 것은 우리 각자가 죄를 범해서가 아니라, 아담 한 사람 때문에 죄인이 되었다는 것이다.

반대로 죄가 없는 거듭나서 의인이 되는 것도 우리 각자가 양심과 율법과 계명을 잘 지켜서가 아니라, 예수님 한 분으로 말미암아 의인이 됐다는 거다.

우리 각자 모든 사람의 죄를 대신하여 예수님이 십자가에서 살 찢기고 피 흘려서 흰 눈보다 더 희게 죄를 씻어 주셨기 때문이고, 예수님 때문에 죄인에서 의인으로 거듭났다는 것이다.

그런데 이렇게 예수님이 십자가에서 우리의 모든 죄를 사하여 주셨다는 것을 대부분의 모든 기독교인들이 알면서도, 구원받은 의인이 아닌 구원받은 죄인이라는 생각의 감옥에 갇혀서 죄의 고통에 신음하고 있는 것이 안타까운 현실이다.

[로마서 1장]

17절 복음에는 하나님의 의가 나타나서 믿음으로 믿음에 이르게 하나니 기록된 바 오직 의인은 믿음으로 말미암아 살리라 함과 같으니라

필자의 주장이 아닌 하나님의 말씀에 "오직 의인은 믿음으로 말미

앟아 산다"라고 증거되어 있다.

죄인이 되는 것도 죄를 범했기 때문에 죄인이라는 내 생각과 행동의 결과가 아닌, 첫 사람 아담 때문에 죄인이 되었다는 말씀을 믿는 믿음으로 죄인이 되어야 한다.

또한 거듭나서 의인이 되는 것도 예수님의 십자가 은혜를 믿는 믿음으로 죄를 사함받아서 의인이 되어야 한다.

다시 한번 더 강조하는데, 거듭난다는 것은 반드시 첫 사람 아담으로 인한 첫 번째의 태어남과 첫 번째의 죽음 이후, 예수님이 십자가에서 이루어 주신 성령세례로 다시 두 번째 태어나는 믿음의 과정이 꼭 있어야 한다.

이렇게 믿음으로 거듭나서 구원받은 사람은 율법과 양심을 지키지 못하는 죄를 범하고 나서 알고 지은 죄, 모르고 지은 죄 다 용서해 달라는 회개기도를 하지 않고, 구원받은 죄인이란 앞뒤가 맞지 않는 말도 절대 하지 않는다.

이런 마음의 상태와 믿음은 다른 사람이 대신 느껴 주며 알 수 있는 것이 아닌 오로지 자신만이 느끼며 알 수 있다.

이런 간증이 없는 사람들은 믿음으로 거듭나서 구원받는 하나님의 세계를 모르니까 정치권의 사람들이 상대방을 빨갱이나 친일파로 낙인찍듯이 거듭난 그리스도인들을 이단이라고 낙인찍어서, 자신은 물론이고 다른 사람들까지 저주와 멸망에서 구원받지 못하게 방해한다.

[마태복음 19장]

25절 제자들이 듣고 몹시 놀라되 그렇다면 누가 구원을 얻을 수
있으리이까?

26절 예수께서 그들을 보며 이르시되 사람으로서는 할 수 없으나
하나님으로서는 다 하실 수 있느니라

거듭나는 구원은 우리 사람으로는 절대 이룰 수 없다. 예수님은
낙타가 바늘귀로 들어가 통과하는 것이, 사람의 노력으로 거듭나는
구원을 이루려는 것보다 더 쉽다고 말씀하셨다. 쉽게 말해서 사람의
노력으로는 안 된다는 것이다. 꿈 깨라는 말씀이다.

아담이 선악과를 먹음으로 말미암아 반드시 한 번은 죽은 적이 있
었다가 다시 살아나는 거듭나는 구원은, 하나님이신 예수님이 이루
어 주셔야 하고, 하나님은 예수 그리스도의 십자가 보혈의 은혜로, 두
번째 거듭 태어나는 구원을 2,000여 년 전에 이미 이루어 놓으셨다.

정말로 거듭나는 구원은 생각할수록 신비롭고, 하나님과 예수님
의 은혜이며 선물임을 시간이 갈수록 절감한다.

물에 빠져서 죽어 가는 사람에겐 구조의 손길이 구원자이고 복음이다.

5.

시간계와 영원계

시야의 기준을 지구가 아닌 우주를 중심으로 바라보자.

영원계인 우주에는 과거와 미래가 없고 늘 지금, 현재다.

본문에 들어가기 전, 가벼운 이야기로 집을 옮기는 이사하기 좋은 날과 안 좋은 날, 조상의 묘를 옮기기에 좋은 길일(吉日)과 안 좋은 흉일(凶日)이라는 화두(話頭)와 함께, 동서남북 중 좋은 방향(方向)과 안 좋은 방향(方向)이 있다는 화두(話頭)를 여러분에게 제시하니, 필자의 글을 읽은 다음 각자 생각해 보면 좋겠다.

[에베소서 2장]

1절 그(예수님)는 허물과 죄로 죽었던 너희를 살리셨도다

5절 허물로 죽은 우리를 그리스도와 함께 살리셨고(너희는 은혜로 구원을 받은 것이라)

8절 너희는 그 은혜에 의하여 믿음으로 말미암아 구원을 받았으니 이것은 너희에게서 난 것이 아니요 하나님의 선물이라

9절 행위에서 난 것이 아니니 이는 누구든지 자랑하지 못하게 함이라

필자는 교회를 다니며 하나님을 믿고 기도하여 원하는 복을 받으면 그게 다인 줄 알았다. 그런데 목사님들의 말씀과 교회 분위기는 그렇지가 않았다. 특히 하나님의 말씀인 성경을 읽는데, 신약성경인 마태복음, 마가복음, 누가복음, 요한복음과 사도행전의 성경말씀에는 예수님과 사도들에 의해 병이 낫고 귀신이 쫓겨나는 이야기와 복 받는 이야기가 있어서 지루하지 않고 흥미 있게 읽을 만하였다.

이후 구약성경에서 출애굽기, 레위기, 신명기 성경을 읽을 때는 양과 소와 염소를 잡아 하나님께 제사 드리는 제사법과 이스라엘 민족

이 여호와 하나님을 섬기는 데 있어서 지켜야 할 법과 제도가 왜 그리 많은지 이해도 되지 않고 해석도 되지 않아 읽는데 참 지루했다.

그러면서도 '성경 1독은 해 봐야 되는 거 아니야?' 하는 의무감으로 3년이란 긴 기간 동안에 걸쳐 읽었던 기억이 난다.

모세가 시내산에서 하나님에게 받은 십계명에 더하여 부칙으로 십일조 헌금과 안식일을 지켜서 복 받으려고 수없이 도전했다가 실패하기를 얼마나 오랜 기간 많이 했는지 모른다.

대표적인 실패사례로 십일조 헌금 잘 드려서 하나님이 약속하신 복을 받으려다 살고 있던 집이 빚보증과 이로 인한 경매로 망한 일도 있었다.

[말라기 3장]
10절 만군의 여호와가 이르노라 너희의 온전한 십일조를 창고에
  들여 나의 집에 양식이 있게 하고 그것으로 나를 시험하여
  내가 하늘문을 열고 너희에게 복을 쌓을 곳이 없도록 붓지
  아니하나 보라

내가 구원받을 때 3년 동안(참고로 필자가 구원받은 때는 2002년 11월 30일 새벽 4시 30분경이다) 십일조 헌금을 드리는 교회 생활을 했는데 결과는 하나님이 하늘문을 열어 복을 쌓을 곳이 없도록 부어 주신 것이 아니라, 살고 있던 집이 은행 빚을 못 갚아 경매로 넘어가는 지경까지 경험하였다. 하나님이 주시는 복도 구원받는 것과 똑같이 은혜로 받아야 하는데, 은혜가 아닌 행위로 받으려 하다가 뼈아픈

대실패를 경험하게 된 것이다.

주위에선 믿음 좋은 사람으로 인정받았는데, 살고 있던 집을 경매로 날리고 나서, 누구한테 말도 못 하고 속으로만 끙끙 앓으면서 엄청난 스트레스를 겪다 보니 머리 뒷부분에 원형탈모까지 생겨났다.

그러나 나의 이 실패는 세상 안에서 실패한 것이지 하나님 안에서는 엄청난 복이었다. 복을 쌓을 곳이 없도록 부어 주신다는 하나님의 약속을 믿고 3년여 동안 십일조 헌금을 드렸는데 결과는 집이 경매로 날아가는 지경에 이르니 원인이 무엇인지 생각을 안 하려야 안할 수가 없었다.

그렇게 번민의 시간을 지내며 땅을 쳐다보고 걸어가는데 전봇대에 붙어 있던 '기쁜소식선교회 잠실체육관 전도집회 포스터'가 비에 젖어 땅에 떨어진 것을 보았고, 포스터를 집에 갖고 와 읽어 보게 되었다.

전도집회 포스터에 적혀 있는 인터넷주소를 찾아 들어가 신앙진단 내용을 읽는데 내 마음에 꽂히는 구절이 있었다.

하나님은 구원받지 않은 사람의 기도와 헌물은 받지 않는다는 구절이 있었고, 십계명과 안식일을 지키고 십일조 헌금을 드려서 잘한 대가로 은혜와 복 받으려는 시도와 도전을 했다가 실패한 내 마음에 공감이 되며 실패한 마음에 '콱' 와닿았다. 그리고 내 마음에서 내가 거듭 태어나는 구원을 못 받아서 신앙생활에 실패한 것이라는 이유와 원인을 알아내었다.

당시 나로선 힘에 부치는 거금 1,000여만 원을 3년여에 걸쳐 십일조와 각종 헌금으로 지출하고 알아낸 값진 대가다.

하나님의 약속인 은혜와 복을 받지 못하는 원인이 구원을 못 받았기 때문이란 걸 알았으니, 당시로선 구원이 뭔지도 모르면서 구원을 받아야겠다고 결심하고 기쁜소식선교회에서 인터넷으로 공개한 『죄사함 거듭남의 비밀』이란 책을 비롯해 여러 책들을 읽었다.

그런데 문제가 생겼다.

앞에 기술한 성경 에베소서 말씀과 『죄사함 거듭남의 비밀』 책 등을 수없이 읽고 묵상을 해도 죄 문제가 해결되지 않는 것이다.

성경 에베소서 말씀과 『죄사함 거듭남의 비밀』 등 책을 읽으면 아담이 선악과를 먹은 원죄는 예수님의 십자가 보혈로 씻음받아 구원받았는데, 구원받은 이후 범한 자범죄는 죄를 용서해 달라는 회개기도를 해야 자범죄가 씻어진다고 수없이 들었고, 내 생각도 교육받고 들은 대로 의심 없이 이해하고 믿으려 했지만 자범죄가 씻어지지 않아서 진짜 답답했고 암담했다.

회개기도는 이미 오래전부터 셀 수 없이 해 오던 것이었고, 회개기도를 하고 나서 죄를 안 범하려고 다짐을 하고 각오와 결심을 수없이 많이 했지만, 자범죄 문제가 해결되지 않아 늘 구원받은 죄인이었다.

1999년 12월 어느 날, 어머니 환갑잔치를 마치고 피로와 스트레스가 쌓여, 아내와 내가 일찍 잠들었고 잠을 자는데 아내가 편두통으로 너무 괴로워하며 어떻게 좀 해 보라고 하기에 예수님의 이름으로 하나님께 기도를 드렸는데, 신기하게도 아파서 괴로워하던 아내가 갓난아기가 쌔근쌔근 잠자듯 잠을 자며 편두통이 나았다. 이런 기적이 구원받은 증표라고 나는 믿었다.

이후 2002년 봄에서 여름에는 조용기 목사가 물질의 십일조와 함께 시간의 십일조를 드리라고 해서, 24시간의 십 분의 일인 144분, 2시간 24분 동안 기도를 하기도 했다. 기도하는 중에 머리 정수리로 불이 들어와서 몸을 통과해 엉덩이 가운데 부분으로 나가는, 당시엔 이것이 불 받은 성령체험인 줄 알았다.

그러나 병 낫는 기적의 체험과, 불 받은 가짜 성령체험은, 참된 구원을 못 받게 하려는 사탄의 방해 공작이었다. 사탄의 방해공작이란 건 구원이 이루어지고 바로 알게 되었다. 사탄의 정체를 확실히 알게 된 거다.

구원받을 때 제일 징그럽고 떨치기 어려웠던 것은 '끝없이 반복하는 회개기도와 구원받은 죄인'이란 단어였다.

구원받은 죄인과 회개기도! 전쟁터에서 연막탄을 쏘아 아군이나 적군의 시야를 흐리게 하여 공격 목표물을 보지 못하도록 방해하는 것처럼, 구원받은 죄인과 회개기도란 단어는 우리 사람들의 마음을 혼란하게 하여 구원을 못 받게 속여 먹는 사기꾼 사탄의 최고 걸작품이다.

예수님의 십자가 보혈로 과거, 현재, 미래의 모든 죄까지 깨끗하게 씻음받았다고 하면서도, 구원받은 죄인이라 하며 죄에서 벗어나지 못하고 있는 것이 오늘날 교회에 다니고 있는 대다수 사람들의 현실이다.

그럼 왜 구원받았다 하면서도 생각이 구원받은 죄인에 머물러, 죄인이란 생각에서 벗어나지 못하는 걸까?

그건 바로 사람들의 생각이 하나님의 세계인 영원계를 이해 못 하고, 지구에 사는 사람들의 세계인 시간계에 생각이 고정되고 한정되고 고착되어 있기 때문이다.

[베드로후서 3장]
8절 사랑하는 자들아 주께는 하루가 천 년 같고 천 년이 하루 같다
　　는 이 한 가지를 잊지 말라

우리가 살고 있는 이 세상은 태양계에 속한 지구라는 행성이고, 지구는 태양을 중심으로 자전과 공전을 하고 있다. 지구가 태양을 중심으로 자전한다는 것을 발견하고, 이를 바탕으로 하루를 24시간으로 구분하였으며, 어제와 내일, 모레, 글피와 같은 날짜가 생겨난 것이다.

그리고 지구가 공전을 함으로 계절이 생겨났고, 우리나라의 경우엔 봄, 여름, 가을, 겨울과 같은 사계절로 구분되고 있다.

지구의 자전과 공전으로 어제, 오늘, 내일, 과거, 현재. 미래라는 시간계가 존재하게 되었다.

이제 여러분의 시야를 지구로 한정된 이 세상에서 벗어나, 마음으로 여러분이 우주공간에 있다고 상상해 보기를 바란다. 그리고 우주에서 지구를 바라본다고 생각하자. 인공위성에서 바라본 지구가 아무것도 없는 허공에 떠서 태양을 중심으로 자전과 공전을 하고 있음을 알게 될 것이다.

지구를 보고 있는 마음의 눈을 우주를 향하여 보기 바란다. 영원계인 그 광활(廣闊)한 우주에는 태양도 안 뜨고, 그래서 늘 어둠이며 과거, 현재, 미래가 없는 늘 지금이 지금인 현재뿐이라는 것이다.

주께는 하루가 천 년 같고 천 년이 하루 같다는 것은, 하루나 천 년이나, 만 년, 억만 년이 한결같이 늘 현재라는 거다.

하나님은 지구의 시간계를 초월해서, 시작도 끝도 없는 영원한 영원계의 하나님이신 것이다.

예수님의 십자가 보혈도 시간계로는 2,000여 년 전 과거의 사건이지만, 늘 지금이 지금인 영원계인 하나님의 시각에선 과거도 아니고 미래도 아닌 현재의 사건인 거다. 즉 하나님의 세계엔 과거와 미래가 없고 늘 지금이 지금인 현재뿐인 것이다.

이제 과거, 현재, 미래라는 시간계에 잡혀 있는 우리들의 고착된 시각과 생각에서 벗어나 과거와 미래가 없고, 늘 지금이 지금이고 현재뿐인 하나님의 세계인 영원계로 우리들의 마음을 옮겨 보자.

하나님의 세계인 영원계에선 과거 죄, 미래 죄가 없다.

늘 현재인 세상 죄만 있을 뿐이다.

하나님의 세계인 영원계에선 늘 지금이 지금이고 현재만 있기 때문에 현재의 세상 죄만 있고, 현재의 세상 죄는 예수님이 십자가에서 이루신 성령세례로 다 씻어졌기 때문에 더 이상 죄가 없는 것이다.

이제부턴 우리들의 시야를, 한정된 이 세상의 시간계에서 탈출시켜 시작도 없고 끝도 없는 영원계에 계시는 하나님의 시각에서 생각하고 바라보자.

시간계라는 한계에서 우리 생각이 벗어나야
영원한 하나님의 나라와 세계를 보는 마음의 눈이 떠진다.

6.

좁은 문과 협착한 길

영혼이 구원받는 진리의 말씀은, 화려하고 웅장한 예배당과,

많은 사람들이 모여 있는 교회와,

유명한 미디어 목사나 전도자들만의 독과점물이 될 수 없다.

[누가복음 13장]

22절 예수께서 각 성 마을로 다니사 가르치시며 예루살렘으로 여
행하시더니

23절 어떤 사람이 여짜오되 주여 구원을 받는 자가 적으니이까 그
들에게 이르시되

24절 좁은 문으로 들어가기를 힘쓰라 내가 너희에게 이르노니 들
어가기를 구하여도 못하는 자가 많으리라

필자가 구원을 받았을 때 참으로 놀란 것은 내가 살고 있는 성남
시의 인구가 100만에서 조금 빠지는 도시였는데, 이 많은 사람과 교
회를 다니는 사람들 중에 구원받은 사람이 몇 안 된다는 사실이었다.

내 모든 죄가 예수님의 은혜로 다 씻어졌다는 믿음으로 구원이 이
루어진 그 순간에는 나 혼자만 구원받은 줄 알았다.

세상에선 지지리도 복이 없어 내 원함대로 되는 일이 없던 내가
하나님께 선택받아서 이 엄청난 구원을 받았다는 사실과 은혜에 감
동과 희열을 느꼈다. 구원받은 순간을 표현하면 박하사탕을 입에 넣
고 녹이면 화하는 느낌을 몸과 마음으로 느꼈다고 표현할 수 있을 것
이다.

그리고 내가 구원받을 당시인 2002년 11월경, 경기도 성남시 태
평동에 소재하고 있던 대한예수교 장로회 소속 모교회의 교인 수가
500여 명 되는 교회에 출석하고 있었다. 내가 구원받고 바로 생각난
것이 '내가 받은 구원의 복음을 내가 출석하고 있던 교회 교인들에게
알려 줘야지' 하고 생각했는데 하나님이 내 생각과 계획을 막으시는

것이었다.

당시 필자가 다니던 교회 본당은 지하에 있었는데, 강단의 목사님부터 시작해서 장로님과 권사님과 집사님들과 함께 대다수가 평신도인 수많은 교인들이 한 사람도 예외 없이 눈동자는 새까마면서 광이 나고 눈을 제외한 몸 전부가 광이 안 나는 새까만 유령의 모습을 하고 있는 것이었다. 쉽게 표현하면 구원받지 못한 가짜 그리스도인들이었다.

그들도 몰랐고 나도 몰랐는데, 하나님이 내 영의 눈을 떠서 보게 해 주신 것이라고 지금도 생각하고 믿는다.

순간, 정말 무섭고 섬뜩했으며 정이 뚝 떨어졌다.

교회에 다니면서 세례 문답으로 심사를 통과하여 세례를 받았고, 구원이 뭔지도 모르면서 구원받았다고 믿었다. 입술로 고백하면 하나님의 자녀가 된 것이고 천국에 갈 수 있다고 알고 믿고 있었는데, 알고 보니 속은 것이다.

내가 다니던 교회 사람들 중에는 구원받은 사람이 한 사람도 없었고, 하나님이 이런 사실을 모르는 나에게 하나님의 방법으로 내 마음에 보여 주신 것이다.

하나님은 구원받지 못한 교회에 마음 두지 말고 정을 끊으라는 뜻으로 새까만 유령들만 득실대는 모습을 보여 주신 것이다.

그리고 하나님은 내가 거듭나서 구원받기 전 나를 전도했던 성남시에 있는 기쁜소식선교회 소속 성남제일교회를 마음에서 생각나게 하셨고 그곳으로 이끌어 주셨다.

[마태복음 7장]

13절 좁은 문으로 들어가라 멸망으로 인도하는 문은 크고 그 길이
　　넓어 그리로 들어가는 자가 많고

14절 생명으로 인도하는 문은 좁고 길이 협착하여 찾는 자가 적음
　　이라

15절 거짓 선지자들을 삼가라 양의 옷을 입고 너희에게 나아오나
　　속에는 노략질하는 이리라

16절 그들의 열매로 그들을 알지니 가시나무에서 포도를 또는 엉
　　겅퀴에서 무화과를 따겠느냐

17절 이와 같이 좋은 나무마다 아름다운 열매를 맺고 못된 나무가
　　나쁜 열매를 맺나니

18절 좋은 나무가 나쁜 열매를 맺을 수 없고 못된 나무가 아름다운
　　열매를 맺을 수 없느니라

멸망으로 인도하는 문은 크고 그 길이 넓다는 것은, 교회에서 전
하여 주는 하나님의 말씀이 사람들의 마음에 부딪힘이 없어 누구나
'다 그렇구나!' 하며 거부감 없이 받아들인다.

예수 잘 믿으면 복 받는다는 꿀이 뚝뚝 떨어질 것 같은 달콤한 설
교로 사람 마음을 꿈에 부풀게 하며, 귀에 듣기 좋아서 누구나 부담
없이 받아들이는 설교를 하는 교회와 설교자들이 거짓 선지자들이
고, 영혼을 노략질하는 이리라고 말하는 것이다.

이들 교회와 거짓 설교자들의 목적은 사람들의 마음을 이리의 마
음으로 홀려서 노략질하는 것과 같이, 각종 명목의 헌금과 봉사활동

을 만들어서 교인들의 주머니를 터는 것이 목적이다.

이들 거짓 선지자들과 같은 목회자들은 예수님의 십자가 보혈로 죄 사함받는 복음을 몰라서 자신과 교인들이 다 같이 영원한 멸망을 받아 지옥에 가는 엉터리 설교로 가르치며, 신자들의 영혼 구원 문제에는 관심도 없다.

이들 거짓 선지자들과 같은 삯꾼 목회자들은 구원받은 죄인과 회개기도란 말이 엉터리 교리에서 파생된 단어라는 것도 판별을 못 하기 때문에 자신도 속고 많은 영혼들도 속게 만들어 영혼들을 지옥으로 골인(goal in)시키고 있는 마귀의 종이다.

그리고 세상의 거듭나지 못한 교회와 삯꾼 목자들은 같은 교회 사람들과도 마음 부딪치는 게 싫어서 그 사람이 망하는 길로 가서 망하건 말건 상관하지 않는다.

멸망으로 인도하는 문이 크고 길이 넓다는 것은 예수 그리스도의 성령세례로 죄를 사함받았다는 복음을 받아들이지 않는 사람들의 마음을 지적하는 말씀이고, 대다수의 사람들이 가고 있는 멸망의 큰 문과 넓은 길이다.

겉으론 마음이 태평양 바다와 같이 넓은 척하지만, 실상은 밴댕이 소갈머리 같은 옹졸한 마음에 생각이 갇혀 예수님의 성령세례 복음을 받아들이지 않고, 원죄와 자범죄와 회개기도와 구원받은 죄인이라는 헛소리를 하여 거듭나는 구원을 방해하는 사람들이다.

이런 사람들이 바로 복음전도의 훼방자이고 진짜 이단이다.

이것이 바로 멸망으로 인도하는 큰 문이고 넓은 길이다.

사람들이 자신의 생각이 옳다는 아집과 고집으로 들어가는 큰 문과 넓은 길에서 벗어나, 사람들이 찾지 않는 좁은 문과 협착한 길을 가기 위해선 하나님의 말씀과 마음을 올바로 정확히 알고 나를 부인하는 믿음을 가져야 한다.

생명으로 인도하는 문이 좁고 길이 협착하여 찾는 이가 적다는 것은, 인간의 인본주의사상에 기반한 원죄와 자범죄와 회개기도와 구원받은 죄인이란 헛소리를 인정하지 않고 부인하여, 거듭나서 구원받은 의인이 들어가는 좁은 문이고, 협착한 믿음의 길이다.

또한, 예수님의 성령세례로 거듭나서 구원받은 의인이란 복음의 말을, 큰 문과 넓은 길로 가는 머릿수 많은 교회 사람들이 알아듣지 못하고 이해하지 못하니까, '그들로부터 이단과 사이비집단으로 매도(罵倒, 심하게 욕하며 나무람)당하여 탄압받고 핍박받는 고난의 문이고 길'이다.

[마가복음 10장]
28절 베드로가 여짜와 가로되 보소서 우리가 모든 것을 버리고 주를 쫓았나이다
29절 예수께서 가라사대 내가 진실로 너희에게 이르노니 나와 및 복음을 위하여 집이나 형제나 자매나 어미나 아비나 자식이나 전토를 버린 자는
30절 금세에 있어 집과 형제와 자매와 모친과 자식과 전토를 백배나 받되 핍박을 겸하여 받고 내세에 영생을 받지 못할 자가 없느니라

베드로가 모든 것을 버리고 예수님을 쫓았다고 하니까, 예수님이 대답하시기를 예수님과 복음을 위하여 집이나 형제나 자매나 어미나 아비나 자식이나 전토를 버린 자는, 금세(今世)에 백 배나 받되 핍박을 겸하여 받고 내세(來世)에 영생(永生)을 받지 못할 자가 없다고 말씀하셨다.

예수님의 십자가 성령세례로 거듭난 사람들은 한 분 하나님이 아버지가 되신다. 그러면 거듭난 사람들끼리는 자연적으로 형제자매가 된다.

그리고 거듭난 교회에서는 나이 많은 형제자매를 편의상 부친님, 모친님으로 호칭하니까 그 숫자가 백 배, 천 배, 만 배 이상 기하급수적으로 많아진다는 것이다.

예수님의 성령세례 복음을 전하는 전도로 자식 같은 거듭나는 영적 새 생명이 태어나고, 복음 전도를 위해 물질을 버릴 때, 하나님이 풍성하게 물질의 복을 주신다는 약속의 말씀이다.

그런데 이 모든 복과 함께 반드시 따라오는 것이 있으니, 그것은 영생과 함께 사람들의 무지로 인한 핍박이다.

[마태복음 19장]

23절 예수께서 제자들에게 이르시되 내가 진실로 너희에게 이르노니 부자는 천국에 들어가기가 어려우니라

24절 다시 너희에게 말하노니 낙타가 바늘귀로 들어가는 것이 부자가 하나님의 나라에 들어가는 것보다 쉬우니라 하시니

25절 제자들이 듣고 몹시 놀라되 그렇다면 누가 구원을 얻을 수

있으리까

26절 예수께서 그들을 보시며 이르시되 사람으로는 할 수 없으나

하나님께서는 다 하실 수 있느니라

23절에서 부자는 큰 문과 넓은 길과 같다고 할 수 있을 거다. 부자는 많은 재물을 소유한 사람이 아니라, 재물이 없는 가난한 사람일지라도 마음이 거만하여 자기주장이 강하고 굽힐 줄 모르는 사람들을 말한다. 좋은 말로 표현하면 자기 신념이 강하여 남의 말이 들어가 자리 잡을 틈이 없는 사람들이다.

이런 사람들에게 예수님의 십자가 보혈로 죄가 씻어졌다는 복음을 전하면, 자신들의 옳다 하는 신념으로 복음을 배척하고 거부하여 저주받고 지옥에 가는 생각 속의 부자들이다.

낙타가 바늘귀를 통과하는 것이 부자가 하늘나라 가는 것보다 쉽다는 것은, 사람의 노력인 행위와 하나님이 주신 율법 갖고는 절대로 하늘나라에 못 간다는 거다. 아예 불가능하니까 꿈도 꾸지 말라는 말씀이다.

그렇지만 행위와 율법으론 이렇게 불가능한 사람일지라도, 하나님이신 예수님의 성령세례로 하늘나라에 갈 수 있는 자격이 주어진다는 것이다. 큰 문과 넓은 길이란, 죄를 범했으니까 죄인이라는 대다수의 사람들이 생각하는 지극히 당연한 마음의 길이다.

좁은 문과 협착한 길이란, 예수님의 성령세례로 죄 사함받은 뒤에 또 죄를 범했어도, 마음이 죄인이라는 생각에 굴복하지 않고 정복되지 않아 의인이란 믿음으로 죄를 다스리는, 대다수의 사람들이 선택

하지 않는 믿음의 길이고 문이다.

필자가 구원받고 나서 하나님이 보여 주신 구원받지 못한
영혼의 모습을 비슷하게 표현해 보았다.

7.

아벨과 가인의 제사

사람의 선, 노력은, 노력하면 노력한 만큼 복이 아니라
저주만 쌓는 결과를 만든다.

하나님이 가인에게 행하라고 하신 선은 예수 그리스도의 십자가
은혜를 예표하는 아벨의 제사였다.

[창세기 4장]

2절 그가 또 가인의 아우 아벨을 낳았는데 아벨은 양 치는 자였고 가인은 농사하는 자였더라

3절 세월이 지난 후에 가인은 땅의 소산으로 제물을 삼아 여호와께 드렸고

4절 아벨은 자기도 양의 첫 새끼와 기름으로 드렸더니 아벨과 그의 제물은 받으셨으나

5절 가인과 그의 제물은 받지 아니 하신지라 가인이 몹시 분하여 안색이 변하니

6절 여호와께서 가인에게 이르시되 네가 분하여 안색이 변함은 어찌 됨이냐

7절 네가 선을 행하면 어찌 낯을 들지 못하겠느냐 선을 행하지 아니하면 죄가 문에 엎드려 있느니라 죄가 너를 원하나 너는 죄를 다스릴지니라

8절 가인이 그의 아우 아벨에게 말하고 그들이 들에 있을 때에 가인이 그의 아우 아벨을 쳐죽이니라

성경에서 창세기 전반부 특히 1장에서 10장까지는 거듭나지 못한 사람들이 하나님의 마음을 모르고 읽으면 마치 우리나라 각 지역마다 전해져 내려오는 전설 따라 삼천리와 같은 황당무계한 옛날이야기같이 생각되고 해석을 하지 못해 엉뚱한 이야기로 빠지는 경우가 허다하다.

본문에 기술한 의인 아벨과 성경에 첫 살인자로 기록된 가인의 이

야기인 하나님 말씀도, 사람의 생각인 권선징악이나 윤리와 도덕과 세상적이며 세속적인 종교사상에 기반하여 해석하고 이해하며 전하는 전도자와 이를 무비판적으로 받아들이는 성도들이 많은 것이 안타까운 현실이다.

창세기는 성경 전체를 압축해서 기록한 하나님의 말씀이며, 보약을 약탕기에 달여서 엑기스만 뽑아 놓은 것과 같은 말씀 중의 말씀이다.

아벨은 양을 기르는 목축업자로 양의 첫 새끼와 기름을 제물로 드렸고 하나님께서 아벨의 제사를 받으셨다.

히브리서 11장 4절에서 아벨은 의로운 자라는 증거를 받았다고 히브리서 기자가 증언하고 있다.

양의 첫 새끼는 예수님을 예표하는 것이고, 예수님으로 말미암아 하나님께 나아갈 때, 곧 오늘날로 하면 예수님이 십자가에서 살이 찢리고 피 흘리며 물을 쏟으셔서 우리를 구원하여 주신 예수님을 예표한 것이다.

[히브리서 11장]
4절 믿음으로 아벨은 가인보다 더 나은 제사를 하나님께 드림으로 의로운 자라 하시는 증거를 얻었으니 하나님이 그 예물에 대하여 증언하심이라 그가 죽었으나 그 믿음으로 지금도 말하느니라

반면 아담의 맏아들 가인은 농사하는 자였고, 가인이 힘써 농사지은 농산물을 제물로 하나님께 제사 드렸다. 그러나 하나님께서 가인

의 제물은 받지 않으셨고 오히려 역효과를 내서 하나님께 죄가 되는 결과만 초래하였다.

가인이 직접 농사지은 농산물을 하나님께 제물로 드렸다는 것은, 지금 현재 교회에 다니는 기독교인들이 명심하고 새겨들어야 할 하나님이 주신 교훈과 경계의 말씀이다.

가인의 제사는 예수님의 십자가 보혈로 죄 사함받은 은혜를 믿지 않고, 율법과 행위로 은혜 받으려는 마음을 예표하는 거다.

'나는 성경을 많이 읽었고, 십일조와 각종 헌금을 빼먹지 않고 잘 드렸고 많이 드렸어', '나는 전도를 잘해서 우리 교회 교인이 많이 늘었어', '나는 십계명 등 안식일과 절기를 잘 지키려고 노력했어' 등등… 율법과 계명을 잘 지키고 잘한 것이 많은 행위의 공로로 하나님께 나아가고자 하는 사람의 마음을 가인의 제사로 예표한 거다.

가인이 자신이 농사지은 농산물로 하나님께 예물을 드린 결과는 복이 아니라 땅을 떠돌며 유리하는 저주를 받았고, 나중에는 동생 아벨을 죽이는 지경에까지 이르렀다.

하나님이 "가인에게 선을 행하라"고 하신 것은, 아벨과 같이 예수 그리스도의 십자가 보혈을 예표하는 양의 첫 새끼와 기름으로 예물을 드리라는 것이다.

그리고 가인에게 "선을 행하지 않으면 죄가 문에 엎드려 있느니라"고 하신 말씀은, 예수 그리스도의 십자가 보혈을 예표하는 어린양 기름으로 제사하지 않으면 죄를 깨끗하게 사함받지 못한다는 것이다. 죄를 사함받았으면 죄가 없는 구원받은 의인인데 구원받은 죄인이란 사탄의 음성을 받아들여 죄의 종노릇하며 신앙생활을 하는 그리스도인들의 모습을 예언한 말씀이다.

그리고 "죄가 너를 원하나 너는 죄를 다스릴지니라"는 말씀은, 예수 그리스도의 십자가 보혈의 은혜로 과거, 현재, 미래의 모든 죄까지 씻음받았다는 믿음으로 담대하게 죄에 맞서라는 말씀이다.

즉, 거듭나는 구원을 받고 나서도 고사와 제사 등 각종 민속놀이와 전통행사에 참석하여 음식물을 먹어서 말씀대로 살지 못하고 율법을 지키지 못하면, 선악과를 먹어서 사람들 마음에 만들어진 양심과 판단하는 생각이 사람의 마음을 움츠러들게 한다. 그리고 담대하게, 나는 '구원받은 의인'이란 말을 하지 못하게 한다.

"죄가 너를 원하나 너는 죄를 다스릴지니라"라는 말씀은 우리 마음에서 일어나는 자범죄는 회개기도를 해야 씻어지는 불쌍한 죄인이거나 구원받은 죄인이라는 사탄의 사기술인 거짓된 생각을 용납하지 말라는 것이다.

즉 죄를 범했으니까 죄인이란 소리를 부인하고, 십자가에서 내 모든 죄를 예수님이 흰 눈보다 더 희고 깨끗하게 씻어 주셨기 때문에 나는 구원받은 죄인이 아니라, 거듭나서 구원받은 의인이란 믿음으로 죄를 정복하고 다스리라는 것이다.

죄를 범했으니까 죄인이라든가 구원받은 죄인이라고 하는 자신의 마음에서 일어나는 양심과 생각을 부인하고, 나는 거듭나서 구원받은 의인이란 믿음을 갖는 것이 죄를 정복하고 다스리는 것이며, 이 믿음이 진짜 예수님을 믿는 것이다.

가인이 아벨을 핍박하고 죽였다는 것은, 거듭나서 구원받지 못한 거짓 그리스도인들과 교회들이 거듭난 그리스도인들에게 양심도 없는 사기꾼이고 이단이라고 탄압하고 핍박하다가, 결국에는 살인으로까지 이어지며 전쟁도 불사하는 미래에 일어날 재앙을 압축해 놓은 축소판인 것이다.

[창세기 4장]

13절 가인이 여호와께 아뢰되 내 죄벌이 지기가 너무 무거우니이다

14절 주께서 오늘 이 지면에서 나를 쫓아내시온즉 내가 주의 낯을 뵈옵지 못하리니 내가 땅에서 피하며 유리하는 자가 되리라 무릇 나를 만나는 자마다 나를 죽이겠나이다

15절 여호와께서 그에게 이르시되 그렇지 아니하다 가인을 죽이는 자는 벌을 칠배나 받으리라 하시고 가인에게 표를 주사 그를 만나는 모든 사람에게서 죽임을 면하게 하시니라

아담 안에서 죄인으로 태어난 모든 사람들은 자신이 죄인이란 사실을 모르고 이 세상에 태어났고 살아온 것이 현실이다.

하나님은 죄인이란 사실을 모르고 태어나 살아가는 사람들의 예표로 가인을 선택하셨고, 죄인이란 사실을 인지하고 알도록 하기 위해 가인이 의인 아벨을 핍박하며 죽이는 것을 성경에 말씀하셨다.

인간의 노력인 행위가 담긴 가인의 제사가, 예수님의 십자가 보혈을 예표하는 아벨의 어린양과 기름으로 드리는 제사와 부딪쳤을 때, 가인 속에 잠재하고 있던 분노가 폭발하고 살인까지도 서슴없이 저지르는 죄가 드러나고 말았던 것이다.

하나님은 가인의 마음속에 잠재하고 있던 죄를 아벨의 어린양 제

사로 드러내셨고, 죄로 인해 가인이 고통받으면서 '내 죄벌이 중하여 견딜 수 없나이다' 하고 하나님께 항복하며 은혜를 구하는 회개하는 마음으로 가인을 이끄셨다.

가인의 낮아진 이 마음이 진정한 회개이고, 회개하는 마음도 하나님이 만들어서 이끌어 주셔야 한다.

내 죄벌이 중하여 견딜 수 없다고 회개하는 가인에게 하나님은 '그렇지 아니하다' 하시며 '가인을 죽이는 자는 벌을 7배나 받으리라'고 경고하셨다. 그리고 가인에게 표를 주시고 만나는 모든 사람들, 즉, 구원받지 못한 사람들로부터 죽임을 면케 하는 '표'를 주시는 은혜를 베풀어 주신 것이다.

죽임을 면함 받게 하는 표는, 은혜를 구하는 낮은 마음에 처한 가인에게, 회개의 열매를 맺은 가인에게, 예수 그리스도의 십자가 보혈로 구원받은 것을 예표하는 표인 것이다.

아벨이 하나님께 드린 양의 첫 새끼와 기름으로 드린 제사는, 예수님의 십자가 보혈의 은혜를 예표하는 거다. 동시에 예수님의 십자가 성령세례를 예표하는 양의 첫 새끼와 기름은 가인의 잘못된 제사를 죄로 드러냈고, 죄가 드러난 가인에게 하나님의 은혜가 더욱 넘쳤다는 것을 로마서 5장 20절의 말씀을 통해 확인했다.

[로마서 5장]
20절 율법이 들어온 것은 범죄를 더하게 하려 함이라 그러나 죄가
　　　 더한 곳에 은혜가 더욱 넘쳤나니

8.

여자의 후손으로 오신 예수님

여자의 후손?

하나님의 구원계획은 참으로 치밀하고 놀랍다.

[창세기 3장]

15절 내가 너로 여자와 원수가 되게 하고 네 후손도 여자의 후손과
　　원수가 되게 하리니 여자의 후손은 네 머리를 상하게 할 것
　　이요 너는 그의 발꿈치를 상하게 할 것이니라 하시고

예수님은 2,000여 년 전 유대 땅 베들레헴에 여호와 하나님의 독생자로 강림하시기 전, 남자의 씨, 죄인의 씨를 받지 않은 죄가 없는 여자의 후손으로 오신다고 성경에 기록되어 있다. 여자의 후손에서 여자는 아담의 아내 하와다.

여자의 후손으로 오신 예수님의 모형으로 멜기세덱이 있다. 부모도, 족보도, 출생일도 알 수 없고, 죽은 날도 없어서 생일과 제삿날이 없는 멜기세덱은, 아브라함에게 십일조를 받았는데, 이는 예수님이 아브라함에게 받은 것과 같다고 히브리서에 기록되어 있다.

예수님이 아브라함에게 십일조를 받았다는 것은, 여자의 후손으로 오셔서 뱀의 머리를 상하게 하실 예수님의 본모습은 부모도, 족보도, 출생일도 알 수 없고, 죽은 날이 있을 수 없는 영원하신 여호와 하나님이시라는 거다.

[이사야 53장]

5절 그가 찔림은 우리의 허물 때문이요 그가 상함은 우리의 죄악
　　때문이라 그가 징계를 받으므로 우리는 평화를 누리고 그가
　　채찍에 맞으므로 우리는 나음을 받았도다
6절 우리는 다 양 같아서 그릇 행하여 각기 제 길로 갔거늘 여호와

께서는 우리 모두의 죄악을 그에게 담당시키셨도다

이사야서 53장 5~6절의 말씀은, 예수님이 유대 땅 베들레헴에 성육신으로 강림하시기 대략 700여 년 전에, 십자가에서 대속의 사역을 감당하실 것을 이사야 선지자가 계시를 받아 예언하는 말씀이다.

예수님은 어느 날 갑자기, 느닷없이, 인류의 구세주로 오신 것이 아니다. 창세기 3장 20절에서 모든 산 자의 어미인 하와, 여자의 후손으로 이 땅에 강림하셨고, 여호와 하나님의 약속과 감동을 받은 선지자들의 예언대로 오신 것이다.

이사야 선지자의 예언대로 모든 사람들의 허물과 죄악을 씻는 대속제물로 오실 예수님은, 아담의 후손으로 오시면 안 되는 것이다.

이 세상 모든 사람들의 죄를 담당해서 죽어야 하는 대속제물로 죄인의 피가 흐르는 아담의 후손들은 자격이 없다. 그래서 죄인인 아담의 후손이 아닌, 죄가 없는 여자의 후손이어야 되는 거다.

[창세기 3장]
20절 아담이 그의 아내의 이름을 하와라 불렀으니 그는 모든 산
　　　자의 어미가 됨이더라

아담과 하와가 선악을 알게 하는 나무의 열매를 먹은 다음, 하나님의 경고대로 저주를 받았고 영적으로 죽은 것이다.

아담이 하와를 산 자의 어미라고 불렀는데, 해석하면 선악을 알게 하는 나무 열매를 먹은 하와가 산 자의 조상이라는 거다. 하와는 선

악과를 먼저 먹고 아담도 먹게 해서, 인류를 죄인이 되게 한 주범인데 죽은 자가 아니라 산 자의 어미라니 이해가 되질 않았다.

성경을 자세히 살펴보면 하나님은 아담에게 선악과를 먹지 말라고 하셨지, 하와에게는 먹지 말라고 안 하셨다. 그리고 하나님이 아담의 갈빗대로 하와를 만든 것은, 아담이 선악과를 먹기 전, 아담이 죄인이 아니었을 때의 일이다.

그래서 성경에서 말하는 죄인의 기준은 아담이고, 하와는 죄인 아담의 후손이 아니기 때문에 사람으로선 유일무이(唯一無二)한, 죽은 자가 아닌 산 자이며 산 자들의 조상이 되는 것이다.

[로마서 5장]
12절 이러므로 한 사람(아담)으로 말미암아 죄가 세상에 들어오고
　　　죄로 말미암아 사망이 왔나니 이와 같이 모든 사람이 죄를
　　　지었으므로 사망이 모든 사람에게 이르렀느니라

하와란 이름의 뜻은 산 자의 어미라는 것이고, 하와가 산 자의 조상이라고 아담이 말한 것은, 성령으로 잉태되어 여자의 후손으로 강림하실 예수님이 십자가 보혈의 은혜로 세상을 구원할 하나님의 구원계획을 아담이 알았다는 것이다.

[창세기 3장]
21절 여호와 하나님이 아담과 그의 아내를 위하여 가죽옷을 지어
　　　입히시니라

무화과나무 잎으로 치마를 만들어 입어서 부끄러움을 가리고 있는 아담과 하와를 위하여, 여호와 하나님이 가죽옷을 지어 입히셨다.

아이들이 잘못을 하면 부모 얼굴을 바로 보지 못하고 슬금슬금 피하듯이, 아담과 하와도 그랬던 것 같다. 슬금슬금 피하는 아담과 하와와 하나님 사이를 가로막고 있는 죄의 장막을 제거하기 위해, 하나님은 짐승이 희생되어야 만들어지는 가죽옷을 준비하셔서 아담과 하와에게 입히셨다.

가죽옷은, 하나님과 사람 사이의 죄의 담을 무너뜨리기 위해 희생 제물로 오실 여자의 후손인 예수님을 예표하는 것이다.

[마태복음 1장]

18절 예수 그리스도의 나심은 이러하니라 그 모친 마리아가 요셉과 정혼하고 동거하기 전에 성령으로 잉태된 것이 나타났더니

19절 그 남편 요셉은 의로운 사람이라 저를 드러내지 아니하고 가만히 끊고자 하여

20절 이 일을 생각할 때에 주의 사자가 현몽하여 가로되 다윗의 자손 요셉아 네 아내 마리아 데려오기를 무서워 말라 저에게 잉태된 자는 성령으로 잉태된 것이라

21절 아들을 낳으리니 이름을 예수라 하라 이는 그가 자기 백성을 저희 죄에서 구원할 자이심이라 하니라

예수님은 믿음의 조상 아브라함과 다윗의 혈통인 남편 요셉과 아

내 마리아의 믿음을 통해 이 세상에 강림하셨다.

요셉의 입장을 바꿔서 우리라고 생각해 보자.

나와 결혼하기로 약속된 약혼녀가, 예비 신랑인 남자와 관계 없이 성령으로 임신해서 배가 불러 와서 출산일이 다가온다면 여러분은 믿겠는가?

당장 파혼하고 없던 일로 하자고 할 것이다.

마리아의 예수님 잉태는 아무리 믿음이 좋다고 해도 받아들이기 어려운 사건이다.

[신명기 22장]

23절 처녀인 여자가 약혼한 후에 어떤 남자가 그를 성읍 중에서 만나 통간하면

24절 너희는 그 둘을 성읍 문으로 끌어내고 그들을 돌로 쳐죽일 것이니 그 처녀는 성읍 중에 있어서도 소리 지르지 아니하였음이요 그 남자는 그 아내를 욕보였음이라 너는 이같이 하여 너의 중에 악을 제할지니라

약혼한 여자가 통간 후 발각되면 돌에 맞아 죽어야 하는데, 마리아는 잉태까지 했으니 이보다 더 확실한 증거가 어디 있단 말인가?

마리아와 남편 요셉의 고민을 알고 계신 여호와 하나님께서 마리아의 몸에 예수님이 잉태되게 된 것은 성령으로 된 것이라고 말씀하셔서 의심을 제거하셨고, 요셉은 예수님의 잉태를 믿음으로 받아들였다.

[마태복음 1장]

25절 아들을 낳기까지 동침치 아니하더니 낳으매 이름을 예수라
　　하니라

아브라함과 다윗의 후손인 요셉은 예수님이 성령으로 잉태되어
졌다는 하나님의 말씀을 믿었고, 요셉의 믿음하에 산 자의 어미인 하
와, 여자의 후손으로 예수님이 마리아를 통해 이 땅에 강림하실 수
있었던 것이다.

9.
안식일의 주인이신 예수님

진정한 안식은 멍 때리듯 누리는 쉼이다.

그런데 오늘날 교회 생활은 너무 피곤하다.

각종 헌금과 동원되는 모임과 행사에 교인들은 너무 피곤하다.

각종 헌금과 행사에 동참하지 않으면 믿음이 없는 것 같고, 이럴 바엔

차라리 예수와 교회를 몰랐으면 더 편하였겠다는 생각이 들기도 한다.

이 모든 것은 복음이 없으니까 몸으로 때우라는 사탄의 기만술이다.

안식일은 금요일 해 질 때부터 토요일 해 질 때까지이다. 오늘날은 일요일을 안식일로 전환하여 외출과 소비지출을 최대한으로 자제하고 범하지 않으려는 사람들도 있는 것 같다. 그리고 성경 말씀대로 전통적인 안식일을 중요시하는 교회에서는 예배일을 일요일이아닌 토요일로 정해 정기적으로 모임을 하고 있다.

십계명 중 제4 계명으로 안식일을 기억하여 거룩하게 지키라고까지 하나님은 말씀하셨다.

[민수기 15장]

32절 이스라엘 자손이 광야에 거류할 때에 어떤 사람이 나무하는
　　　것을 발견한지라

33절 그 나무하는 자를 발견한 자들이 그를 모세와 아론과 온 회
　　　중 앞으로 끌어왔으나

34절 어떻게 처치할는지 지시하심을 받지 못한 고로 가두었더니

35절 여호와께서 모세에게 이르시되 그 사람을 반드시 죽일지니
　　　온 회중이 진영 밖에서 돌로 그를 칠지니라

36절 온 회중이 곧 그를 진영 밖으로 끌어내고 돌로 그를 쳐죽여
　　　서 여호와께서 모세에게 명한 대로 하니라

안식일에 나무 좀 했다고 사람을 죽이다니, 처자식을 부양하기 위해 안식일에도 쉬지 않고 나무하는 것이 죽을죄는 아니지 않는가 하는 생각도 한다.

이처럼 안식일을 범하는 것은 중죄이며, 가볍게 생각하면 죽음으

로 대가를 치러야 한다.

[마가복음 2장]
27절 또 이르시되 안식일이 사람을 위하여 있는 것이요 사람이 안
　　식일을 위하여 있는 것이 아니니
28절 이러므로 인자는 안식일에도 주인이니라

안식일에 자신과 처자식을 위해 나무를 했다가 죽임을 당했다는 사건에서 피도 눈물도 없는 율법의 냉혹함과 예수님의 은혜가 내포되어 있다.

진정한 그리스도인은 예수님의 십자가 보혈의 은혜로 거듭나서 구원받고, 예수님의 은혜로 말미암는 안식일을 누려야 하는데, 사람의 노력으로 안식일을 만들어서 누리려고 하는 게 저주이고 멸망이라는 거다. 성경을 읽고 전도하며 헌금을 잘하고 율법과 계명을 잘 지켜서 거듭나고 구원받아 안식일을 누리려는 게 바로 사람의 노력이다.

사람이 노력해서 안식일을 이루려고 하면 할수록 안식일이 가까워져서 이루어지는 게 아니라, 반대로 노력하면 노력한 만큼 안식일이 점점 더 멀어진다는 것이다. 이것은 필자가 직접 돈과 몸으로 체험해서 얻은 간증이다.

[마태복음 11장]
28절 수고하고 무거운 짐 진 자들아 다 내게로 오라 내가 너희를

쉬게 하리라

'수고하고 무거운 짐 진 자들은 다 내게로 오라'고 말씀하신 것은, '율법과 각종 헌금과 동원되는 행사에 찌든 자들아 다 내게로 오라. 내가 너희를 쉬게 하리라'는 말씀으로도 해석할 수 있다.

이제 우리의 노력으로 안식일을 이루려는 노력을 중단하자. 날짜로서 안식일은 예수님의 십자가 보혈의 은혜로 없어졌고, 이제 토요일과 일요일은 안식일이 아니다.

대신 예수님의 십자가 성령세례로 거듭나서 구원받은 날이 그리스도인 각자의 안식일이다.

토요일, 안식일을 지켜서 은혜 받으려는 것은 사람의 노력과 공로로 안식일을 이루려는 것이고, 아이러니하게도 사람의 이 노력은 결과적으로 예수님을 대적하는 대적행위가 되는 것이다.

예수님의 은혜가 아닌 사람의 노력과 공로로 구원받아 안식일을 이루고 천국에 가려는 것은, 안식일에 나무하다 잡힌 사람이 죽임을 당한 것처럼, 저주와 죽음을 자초하는 행위이다.

안식일의 주인이신 예수님이 십자가에서 피 흘리신 성령세례로, 믿는 우리 모두를 거듭나서 구원받고 쉼을 누리는 안식일을 이루어 놓으셨다.

[요한복음 14장]

16절 내가 아버지께 구하겠으니 그가 또 다른 보혜사를 너희에게
　　 주사 영원토록 너희와 함께 있게 하리니

17절 그는 진리의 영이라 세상(구원받지 못한 사람)은 능히 그(보혜사)를 받지 못하나니 이는 그를 보지도 못하고 알지도 못함이라 그러나 너희는 그를 아나니 그는 너희와 함께 거하심이요 또 너희 속에 계시겠음이라

예수님은 우리의 구원과 쉼을 누리는 안식일을 십자가에서 피 흘리신 성령세례로 이루어 주셨을 뿐만 아니라, 부활 승천하신 후에도 진리의 영 되는 보혜사를 보내서서 우리를 고아와 같이 버려두지 않고, 우리 안에 계시게 하시겠다고까지 약속하셨다.

[마태복음 14장]
18절 내가 너희를 고아와 같이 버려두지 아니하고 너희에게로 오리라

이 글을 읽는 여러분들도 안식일의 주인이신 예수님이 주시는, 진정한 안식일이 마음에서 믿음으로 이루어져, 진정한 안식일의 복을 누리기 바란다.

10.

할례와 예수님

모세의 아내 십보라가 아들들에게 할례를 시행했을 때

사용했던 것으로 추측되는 돌칼.

진정한 할례는, 예수님이 십자가에서 이루신 성령세례를

우리 마음에 새기는 믿음의 할례다.

[창세기 17장]

10절 너희 중 남자는 다 할례를 받으라 이것이 나와 너희와 너희
   후손 사이에 지킬 내 언약이니라

11절 너희는 포피를 베어라 이것이 나와 너희 사이의 언약이니라

12절 너희의 대대로 모든 남자는 집에서 난 자나 또는 너희 자손이
   아니라 이방 사람에게서 돈으로 산 자를 막론하고 난 지 팔
   일 만에 할례를 받을 것이라

13절 너희 집에서 난 자든지 너희 돈으로 산 자든지 할례를 받아야
   하리니 이에 내 언약이 너희 살에 있어 영원한 언약이 되려
   니와

14절 할례를 받지 아니한 남자 곧 그 포피를 베지 아니한 자는 백
   성 중에서 끊어지리니 그가 내 언약을 배반하였음이라

할례는 이스라엘 민족만의 고유한 전유물(專有物)이 아닌 고대 이
집트와 아프리카의 일부 부족집단에서도 행해졌다고 한다. 이와 같
은 할례가 믿음의 조상 아브라함 때에 하나님의 명령으로 이스라엘
남자들에게 의무로 주어졌으며, 이스라엘 남자는 난 지 8일 만에, 그
리고 돈을 주고 산 이방 남자들과 집에서 태어난 이방 남자들까지 누
구도 예외 없이 성기의 포피를 잘라 내는 의식이다.

오늘날은 이스라엘 민족만이 아니라 중동 지역의 아랍권과 아프
리카 일부 국가 등 이슬람권에서도 많이 행해지고 있다. 심지어는
아프리카 일부 국가들에서는 어린 여자아이들에게까지 할례를 행하
고 있어 인권 문제와 더불어 부작용도 크다. 그리고 우리나라에서는

포경수술이라 하여 위생문제로 많이 시술하였는데 현재는 감소 상태에 있다고 한다.

오늘날은 위생상태가 좋은 병원에서 통증을 느끼지 않게 마취를 하고 실력 좋은 훌륭한 의료진과 좋은 장비로 수술한 다음 효과 좋은 진통제와 약으로 통증 및 후유증을 최소화하여 고통을 거의 느끼지 못한다.

그러나 할례가 처음 시행되었던 고대 모세시대의 기록을 보면 참으로 고통스러웠고 부작용으로 인한 신체불구와 함께 심지어는 생명을 잃을 수도 있었겠다는 상상을 해 본다.

[출애굽기 4장]
24절 모세가 길을 가다가 숙소에 있을 때에 여호와께서 그를 만나사 그를 죽이려 하신지라
25절 십보라가 돌칼을 가져다가 그의 아들의 포피를 베어 그의 발에 갖다 대며 이르기를 당신은 참으로 내게 피 남편이로다 하니

십보라가 피 남편이라 한 것은 할례를 하기 위해 아들의 신체인 포피를 칼로 베어 냈을 때 피가 나왔고, 하나님은 그 피를 보시고 죽이려던 모세를 살려 주셨기 때문이다.

이 구절에서 모세 시대엔 할례를 시행할 때 마취도 안 하고 날이 예리한 금속칼이 아니라 돌칼을 사용했음을 알 수 있는데 많이 고통스러웠고 항생제와 진통제 약이 없어 합병증으로 인한 부작용도 있

었을 것으로 예상된다.

[창세기 34장]

24절 성문으로 출입하는 모든 자가 하몰과 그의 아들 세겜의 말을
듣고 성문으로 출입하는 모든 남자가 할례를 받으니라

25절 제삼일에 그들이 아직 아파할 때에 야곱의 두 아들 디나의
오라버니 시므온과 레위가 각기 칼을 가지고 가서 몰래 그
성읍을 기습하여 그 모든 남자를 죽이고

34장 24절과 25절에서 추측할 수 있는 것은 돌칼을 사용해서 할례
를 행한 결과 남자들이 제3일이 되어서까지도 통증이 심하여 활동하
지 못했다는 것을 알 수 있고 길게는 후유증으로 장애인이 되었거나
생명을 잃었을 수도 있었겠구나를 추측해 볼 수 있다.

그럼 이처럼 위험한 생명을 잃을 수도 있는 할례를 하나님은 왜
하라고 말씀하셨을까?

먼저 할례와 예수님은 어떤 관계인지를 알아보도록 하겠다.

할례를 시행하려면 피부인 남자 성기 포피를 칼을 사용해서 잘라
내야 한다. 포피를 칼을 사용하여 잘라내면 피가 날 수 밖에 없고, 더
군다나 고대에는 돌칼을 사용했기 때문에 그 고통이 대단하였을 것
이다.

그러니까 창세기 34장 25절에서 야곱의 두 아들 시므온과 레위의
계략에 속아 할례를 받은 남자들이 아무런 저항도 못 하고 몰살을 당
한 것이라고 추측한다.

할례를 받은 남자는 그 신체부위에 할례를 받은 흔적이 남는다. 더구나 할례를 처음 시행하던 고대에는 돌칼을 사용했기 때문에 상처로 인한 흉터가 뚜렷하게 남았을 것이다. 할례는 예수님이 십자가에서 가시면류관과 창에 찔리고 못 박히고 피 흘려서, 우리를 대신하여 죽어 주셔서 구원하여 주신 은혜를 우리 몸에 낙인찍는 하나님의 구원 증표이다.

하나님은 예수님이 이 땅에 오시기 훨씬 전에, 이스라엘 민족과 전 인류의 구원 계획을 할례라는 의식을 통해 우리 몸에 낙인찍었고, 하나님의 이 비밀을 아브라함과 모세 등 선지자들에게 계시로 알게 하셨다.

[로마서 2장]
28절 무릇 표면적 유대인이 유대인이 아니요 표면적 육신의 할례가 할례가 아니니라
29절 오직 이면적 유대인이 유대인이며 할례는 마음에 할지니 영에 있고 율법 조문에 있지 아니한 것이라 그 칭찬이 사람에게서가 아니요 다만 하나님에게서니라

할례는 표면적 할례인 육신의 할례와 이면적 할례인 마음에 새기는 믿음의 할례가 있다. 즉, 율법을 따라 남자의 포피를 잘라내는 육신의 할례와 예수님이 십자가에서 살 찢기고 피 흘려서 대속해 주신 이면적 할례, 믿음의 할례가 있다.

표면적 할례가 할례가 아니라 함은, 할례의 진정한 의미, 예수님

의 은혜를 모르고 습관과 전통 및 율법을 따라 행하는 할례는, 우리를 거듭나서 구원받게 하는 예수님의 사랑과 관계가 없고, 사탄에게 속아서 헛돈 쓰며, 헛고생만 할 뿐이라는 거다.

마음의 할례는 예수님이 십자가에서 살 찢기고 피 흘려서 우리를 거듭나게 구원하여 주신 성령세례를, 우리 마음에 불도장 찍듯이 믿음으로 인치며 새기는 것이다.

11.

노아 홍수와 세례

물세례, 물심판, 홍수로부터 구원을 받는 유일한 길은 내 생각,

내 판단을 다 내려놓고, 방주로 들어가는 것이다.

[창세기 1장]

1절 태초에 하나님이 천지를 창조하시니라

2절 땅이 혼돈하고 공허하며 흑암이 깊음 위에 있고 하나님의 영
　　은 수면 위에 운행하시니라

9절 하나님이 이르시되 천하의 물이 한 곳으로 모이고 뭍이 드러
　　나라 하시니 그대로 되니라

10절 하나님이 뭍을 땅이라 부르시고 모인 물을 바다라 부르시니
　　하나님이 보시기에 좋았더라

　성경에 기록된 말씀의 하나님과 세상 종교들을 비교하면 확연히 차이 나는 것이 있다.

　세상의 종교들은 하늘과 땅과 바다와 각종 생명체들의 시작을 말하지 못한다.

　반면 기독교의 여호와 하나님은 성경 창세기에서 천지우주만물을 말씀으로 창조하셨고, 그 과정들을 해설서처럼 설명해 주고 계신다.

　하나님이 하늘과 땅을 창조하신 후 이 세상은 깜깜한 어둠 속에 있었고 하나님의 신이 수면 위에 운행하셨다는 것은 세상의 모든 땅들이 물속에 잠겨 있었다는 거다.

　혼돈하고 공허하며 깜깜하여 흑암이 깊은 세상을 향하여 하나님이 빛이 있으라 말씀하시니까 빛이 만들어졌다는 것은, 생명체가 호흡하는 데 꼭 필요한 공기가 만들어졌고, 지구의 자전으로 공기가 태양에 반응하여 빛을 내는 낮과, 공기가 태양에 반응하지 못해서 어두운 밤으로 밤과 낮이 구분되었을 것으로 추정한다.

하나님의 이 놀라운 창조사역은 오늘날에도 가능하다고 생각한다. 가령 화성과 같은 행성에, 하나님이 말씀으로 빛이 있으라 하시면 빛이 만들어지고, 물이 있으라 하시면 물이 만들어져서 생명체가 살아갈 수 있는 환경이 조성되면, 지구와 똑같은 환경을 갖춘 행성인 화성이 또 만들어지는 것이다.

하나님이 말씀으로 천하의 물이 한곳으로 모이고 뭍이 드러나라 하시니, 물속에 잠겨 있던 땅이 드러나고, 땅과 땅 사이에 물이 채워져서 육지와 바다로 분리되었다는 것이다.

노아 때 땅은 다시 물에 잠겼다가 두 번째로 다시 드러나는 침례와 같은 과정을 겪는다.

[창세기 7장]
1절 여호와께서 노아에게 이르시되 너와 네 온 집은 방주로 들어가라 이 세대에서 네가 내 앞에 의로움을 내가 보았음이라

[베드로전서 3장]
18절 그리스도께서 죄를 위하여 단번에 죽으사 의인으로서 불의한 자를 대신하셨으니 이는 우리를 하나님 앞으로 인도하려 하심이라 육체로는 죽임을 당하시고 영으로는 살리심을 받으셨으니
19절 그가 또한 영으로 가서 옥에 있는 영들에게 선포하시니라
20절 그들은 전에 노아의 날 방주를 준비할 동안 하나님이 오래 참고 기다릴 때에 복종하지 아니하던 자들이라 방주에서 물로

말미암아 구원을 얻은 자가 몇 명뿐이니 겨우 여덟 명이라

21절 물은 예수 그리스도께서 부활하심으로 말미암아 이제 너희를 구원하는 표니 곧 세례라 이는 육체의 더러움을 제하여 버림이 아니요 하나님을 향한 선한 양심의 간구니라

사람들은 믿지 못할 사건이나 이야기를 전해 들으면, 이를 증명하고 확인하기 위해 증거들을 찾고자 노력한다.

그런데 이는 엄밀히 말하면 확인이지 믿음은 아니다.

확인된 것은 굳이 믿을 필요도 없고 믿음이 아니다.

그리고 성경을 연구하는 과학자들과 노아의 홍수를 사실로 믿는 교회와 기독교인들은 히말라야산맥에 속한 높은 산 바위에 박제되어 있는 물고기 등 해양 생명체들의 화석과, 소금을 캐거나 퍼 담는 소금호수와 소금광산을 근거로, 노아 때 세상이 물에 잠겼다가 다시 드러난 증거라고 말하고 믿는다.

이 외에도 남아메리카 안데스산맥의 잉카 유적과 아프리카의 높은 산악지대 등 세계 곳곳에서도 각종 해양 생명체들이 박제되어 있는 화석과, 지금도 소금을 채굴하는 소금광산과 소금염전들이 있어서 소금이 생산되고 있다.

필자는 노아 때의 대홍수 사건과 함께, 땅이 물로 덮여 있었을 때 하나님이 말씀으로 뭍이 드러나라 말씀하시자, 물속에 잠겨 있던 땅이 드러나서 땅과 바다로 분리된 창세기 1장 8절의 말씀하시던 때까지로 확대해서 생각해도 무리가 없을 거라고 생각한다.

석회암 지대나 소금산이 있는 유럽과 세계 각 지역이 과거에는 물

속, 바다였다고 지질학자들이 확인해 주고 있다.

그러나 성경의 하나님 말씀을 믿지 않고, 어떻게든 부정하려고 애쓰는 사람들은, 오랜 세월 대륙판과 대륙판이, 대륙판과 해양판이 서로 부딪치고 미는 과정에서 산들이 솟아났고, 그 과정에서 해양 생명체들이 박제되어 있는 화석이 밀려 올라가 높은 산에서 발견되는 거라고 주장한다.

높은 산 바위에 물에서 사는 물고기와 조개류 등의 온전한 몸체가 박제되어 있는 화석이 만들어졌다는 것은, 이들 물고기와 조개류 등이 미처 피할 틈도 없는 급격한 환경변화가 있었다는 것이다.

바닷물이 빠지는 썰물 때 갯벌을 보고 있으면, 물의 흐름과 같이 하지 못한 물고기가 좁은 웅덩이에 갇혀 있거나 드러난 갯벌에서 퍼덕이는 것을 본 적이 있었다.

노아 홍수 전까지는 세상의 산들이 지금처럼 높지 않았고, 지금보다 낮았을 것으로 생각된다. 노아 때 대홍수 이후에도 지질학자들의 연구 결과처럼, 대륙판의 이동과 충돌로 히말라야산맥과 안데스산맥 등등과, 수많은 산들이 지구 대륙 곳곳에서 쉬지 않고 계속해서 높아졌을 것으로 추측한다.

해발 4,000m, 5,000m, 6,000m 등 높은 산에서 발견되는 각종 해양 생명체들의 화석과 소금호수와 소금광산 등은 과거 지구의 땅들이 물속에 잠겼다가 드러났다는 증거이고, 대륙판의 이동과 충돌로 산맥과 산이 높아지는 상호작용의 결과라고 생각된다.

그리스도인들은 노아 때의 대홍수 사건을 단순한 홍수와 물 심판으로만 보면 안 될 것 같다.

대홍수 사건에서 물 심판을 받지 않고 구원받은 사람은 노아를 포함하여 8명뿐이라고 한다.

[창세기 6장]
15절 네가 만들 방주는 이러하니 그 길이는 삼백 규빗 너비는 오십
    규빗 높이는 삼십 규빗이라
16절 거기에 창을 내되 위에서부터 한 규빗에 내고 그 문은 옆으로
    내고 상중하 삼층으로 할지니라

방주의 길이를 미터로 환산하면 길이가 대략 135m이고, 너비가 대략 23m이며 높이는 대략 14m에 달하는 대형 선박이다.

하나님이 계시로 주신 설계에 따라 노아와 아들들이 함께 방주를 건조했다고 하는데, 건조기간은 나와 있지 않지만 굉장히 오랜 기간에 걸쳐서 완공했을 거라고 짐작한다.

비도 오지 않고 물이 없는 땅에서 생뚱맞게 대형선박을 건조 중일 때 사람들이 노아의 가족을 향하여 "저 사람들 정신이 이상한 거 아니야!" 하면서 조롱과 비웃음 등 온갖 비난을 다 하였을 것이다.

그리고 마침내 하나님의 말씀대로 방주를 완성하였고, 노아가 600세 되던 해 둘째 달 열이렛날 큰 깊음의 샘들이 터지며 하늘의 창문들이 열려, 사십 일 밤과 낮에 걸쳐 비가 쏟아졌다.

홍수가 시작되고 40일째 되는 날 방주가 땅에서 떠올랐고, 이후에도 폭우가 계속 쏟아져 방주가 물 위에 떠다녔으며, 물이 땅에 더욱 넘쳐서 천하의 높은 산까지 다 잠겼다고 한다.

이러고도 십오 규빗, 7m 가량의 물이 더 불어서 높은 산들이 완전히 다 잠겼다고 기록되어 있다.

방주에 승선한 노아 포함 8식구와 각종 새들과 각종 동물들만 죽음을 면한 구원을 받았다.

[창세기 6장]

9절 이것이 노아의 족보니라 노아는 의인이요 당대에 완전한 자라 그는 하나님과 동행하였으며

말씀에 노아는 죄인이 아니라 의인이고 완전한 자라고 하나님이 말씀으로 증거하여 주고 계신다.

대홍수 사건 때 물의 심판을 받아 죽은 사람들 중에는 도덕적으로나 윤리적으로, 그리고 실정법적으로, 대홍수 사건 이후 어느 날 술에 취해 벌거벗고 잠을 잔 노아보다 더 나은 깨끗한 의로운 삶을 산 사람들도 많았을 것이다.

노아 홍수 당시 수많은 사람들 중에 어떤 사람들은, "나보다 더 깨끗한 사람 있으면 나와 보라 그래!" 하면서 자신의 의를 자랑하며 믿은 사람들도 있었을 것이다.

그러나 어찌 되었건 하나님이 알려 주신, 물에서 구원을 받는 길은 방주에 들어가야만 되는 것이다.

불쌍한 사람 도와줬으니까, 율법을 어김없이 잘 지켰으니까, 기도와 예배에 잘 참석하고 십일조와 각종 헌금 잘 드렸으니까 등등 나름대로 잘한 것이 많아도 방주에 들어가지 않으면 물 심판을 피할 수가

없고, 결과는 죽음이고 멸망이다.

이와 같이 그리스도인들이 구원을 받는 것도 똑같다. 우리들이 잘한 것, '나는 기도를 많이 잘했어', '나는 십일조와 건축헌금 등을 많이 내서 예배당을 지었어', '나는 성경을 그냥 줄줄 외워', '나는 기도할 때 불 받아서 구원받았어' 등등… 예수 그리스도의 은혜가 아닌 행위로 구원받으려는 것은, 홍수로 인한 물 심판 때 자기 생각과 행위를 믿고, 방주를 거부하며 방주에 들어가지 않으려는 것과 같다. 이것이 바로 자기 생각과 판단을 믿는 것이고, 불행하게도 말씀을 거부하며 믿지 않는 불신앙이며 결과는 죽음이고 멸망이었다.

베드로전서 3장 18절, 19절 말씀에서 예수님은 십자가에서 대속 사역을 완성하신 다음 부활하시기 전에, 노아 홍수 때 방주에 승선하지 않아 옥에 있는 영들에게 구원을 선포하신다고 말씀으로 기록되어 있고, 옥의 영들에게 선포하신 결과와 그 답은 다음의 성경 말씀이다.

[마태복음 27장]

51절 이에 성소 휘장이 위로부터 아래까지 찢어져 둘이 되고 땅이 진동하며 바위가 터지고

52절 무덤들이 열리며 자던 성도의 몸이 많이 일어나되

53절 예수의 부활 후에 그들이 무덤에서 나와서 거룩한 성에 들어가 많은 사람에게 보이니라

54절 백부장과 및 함께 예수를 지키던 자들이 지진과 그 일어난 일들을 보고 심히 두려워하여 이르되 이는 진실로 하나님의

아들이었도다 하니라

대홍수 심판 후 하나님은 노아에게 다시는 물로 세상을 심판하지 않겠다고 약속하셨고, 구름으로 땅을 덮을 때에 무지개를 보게 하여서, 약속의 증거로 삼으라는 말씀을 주셨다.

[창세기 9장]
16절 무지개가 구름 사이에 있으리니 내가 보고 나 하나님과 모든 육체를 가진 땅의 모든 생물 사이의 영원한 언약을 기억하리라

'무지개는 빛 되신 예수 그리스도를 예표하는 것이고, 예수님이 이 세상 모든 죄에 대한 성령세례, 대속 심판'을 받으실 것이기 때문에 다시는 '물 심판'이 필요 없다는 것이다.

12.

결혼과 구원

신랑, 신부가 햇빛이 비추는 소나무 숲을 손잡고 걸으며
즐거운 표정을 짓고 있다.

[창세기 2장]

22절 여호와 하나님이 아담에게서 취하신 그 갈빗대로 여자를 만
    드시고 그를 아담에게로 이끌어 오시니

23절 아담이 이르되 이는 내 뼈중의 뼈요 살중의 살이라 이것을
    남자에게서 취하였은즉 여자라 부르리라 하니라

　본문에 들어가기 전 결혼한 부부가 배우자를 부르는 호칭과 부부
평등에 관한 이야기를 먼저 해 보고자 한다.

　참고로 아들보다 나이 적은 새어머니의 예는 여성의 인권과 인격
을 비하하려는 것이 아니라, 결혼한 부부는 서로가 동등한 인격체임
을 강조하기 위해 약간 극단적인 이야기를 예로 들었음을 밝혀 둔다.

　결혼은 남자와 여자가 만나 둘이 한 몸, 한 가정을 이루는 인생의
전환점이며 인륜지대사(人倫之大事)라 해서 굉장히 중요시한다.

　사람이 의사소통을 하기 위해 쓰는 말인 호칭에는 상대방을 배려
하고 존중한다는 의미와 함께, 상대방을 무시하며 아랫사람으로 깔
보는 의미도 함께 있다.

　나이가 많은 남편과 아내, 반대로 나이가 적은 어린 남편과 아내
사이에서 서로가 서로를 존중하지 않고 '야! 너! 오빠! 누나'와 같은
단어를 사용해서, 그 사람들이 부부인지 남매지간인지 헷갈리게 신
분에 구분을 주는 말들을 사용하지 않는 예를 종종 보게 된다. 그럼
으로써 듣는 제삼자가 '저 사람들 뭐야!' 하며, 머리가 혼란해지는 예
를 주위에서 자주 볼 수 있다.

　특히 어떤 나이 많은 남편은 아내를 존중하는 마음이 전혀 없이

하대하는 반말과 심하게는 쌍욕까지 하여 사람으로 대우하지 않고 하나의 물건 정도로 취급하지 않나 하는 광경을 본 기억도 있다.

TV 드라마와 영화에서 조선시대 때와 같은 옛날에 부인이 먼저 죽고 홀로 된 아버지가 어느 정도 시간이 흐른 뒤 아들보다 나이가 적은 여자를 새 부인으로 들이는 장면이 있다.

TV 드라마나 영화에서 아들은 나이 적은 아버지의 새 부인을 동생으로 대우하지 않고 어머니라고 호칭하며 절을 하는 등 예를 다한다.

아버지의 새 부인보다 나이 많은 아들이 나이 적은 새어머니에게 존중의 표시로 예를 다하는 것은, 나이 어린 새어머니는 아버지와 동격이고 자신의 아버지를 무시하지 않고 존중한다는 의미다.

남편과 아내는 결혼했으면 촌수가 없는 무촌이며 출신배경이나 나이 차이와 관계없이 신분의 위아래가 없는 동일한 인격체이며 동급이고 동격이다.

남편이 아내를, 아내가 남편에게 존중하는 호칭과 언어를 사용하지 않고, 일상적인 반말로 배우자에 대한 배려심과 존중하는 마음이 없다면, 이는 결과적으로 자기 자신을 존중하지 않고, 자기 자신을 격하시키며 학대하는 것이다.

나보다 나이가 적은 형이나 오빠의 부인에게 불러 주는 형수와 올케 언니, 그리고 나보다 나이가 적은 누나나 언니의 남편에게 매부와 형부의 호칭을 써서 불러 주는 것은, 내 형이나 누나와 오빠와 언니를 무시하지 않고 존중하는 것이다.

부모, 형제와 남매와 자매지간 및 지인들이 내 남편이나 내 아내를 존중하지 않고 하대하며 무시한다면, 이는 결과적으로 그 배우자의 남편이나 아내인 나를 존중하지 않고 무시하는 것과 같다.

[창세기 2장]
24절 이러므로 남자가 부모를 떠나 그의 아내와 합하여 둘이 한
　　　몸을 이룰지라
25절 아담과 그의 아내 두 사람이 벌거벗었으나 부끄러워하지 아
　　　니하니라

　필자는 얼마 전 교회를 다니는 사촌누나와 매부의 아들 결혼식에
참석했는데, 그날도 어김없이 창세기 2장 24절의 말씀이 주례사로
봉독되었고, 기독교인들의 결혼식에서 가장 많이 쓰이는 하나님의
말씀이다.
　24절의 남자는 예수님을 예표하고, 아내는 구원받은 그리스도인
들과 그리스도인들의 모임인 교회를 예표한다.
　아담과 그의 아내 두 사람이 벌거벗었으나 부끄러워하지 않았다
는 것은, 남편인 예수님과 아내인 그리스도인은 부부와 같은 한 몸이
고, 법이 없고 흉·허물이 없는 관계라는 것이다.

[마태복음 19장]
4절 예수께서 대답하여 이르시되 사람을 지으신 이가 본래 그들을
　　　남자와 여자로 지으시고
5절 말씀하시기를 그러므로 사람이 그 부모를 떠나서 아내에게 합
　　　하여 둘이 한 몸이 될지니라 하신 것을 읽지 못하였느냐

6절 그런즉 이제 둘이 아니요 한 몸이니 그러므로 하나님이 짝지
어 주신 것을 사람이 나누지 못할지니라 하시니

"하나님이 짝지어 주신 것을 사람이 나누지 못할지니라" 하신 것
은, 이혼이 안 된다는 것인데, 이는 거듭나서 구원받은 그리스도인과
예수님의 관계가 끊어질 수 없다는 것이다.
거듭 난 그리스도인들의 구원이라는 결혼은 하나님이 이루어 주
신 것이기 때문에, 구원받은 이후 죄를 범하거나 양심대로 살지 못한
다 해서 이혼과 같은 구원취소나 무효가 있을 수 없다는 것이다.

[에베소서 5장]
30절 우리는 그 몸의 지체임이라
31절 그러므로 사람이 부모를 떠나 그의 아내와 합하여 그 둘이 한
육체가 될지니
32절 이 비밀이 크도다 나는 그리스도와 교회에 대하여 말하노라

예수님의 십자가 보혈의 은혜로 구원받은 그리스도인은 교회의
지체이며, 교회의 머리 되신 예수님의 몸인 지체인 것이다.
아내인 그리스도인들은 예수님과 구원이라는 결혼으로 한 몸이
된 것이다.
따라서 예수님의 십자가 보혈의 은혜로 구원받은 그리스도인의
구원은 어떤 일이 있어도 이혼 같은 구원취소나 무효가 안 된다는 것
이다.

필자는 본문에서 부부관계로 한정하지 않고, 부부를 중심으로 자녀가 있는 가정으로 확대해서 보고자 한다.

하나님이신 예수님의 피와 살을 믿음으로 유전받아 거듭나서 구원받았기 때문에, 이는 하나님이신 예수 그리스도의 혈통을 물려받은 것이고, 그래서 하나님이 아바 아버지가 되시는 거다. 또한 예수님의 십자가 보혈의 은혜로 구원받은 그리스도인과 그리스도인들의 모임인 교회는 예수님과 한 몸이고 결혼한 부부와 자녀가 있는 가정과 같다.

부부와 자녀로 이루어진 가정엔 법이 없고, 심지어 양심도 부끄러움도 있지 않으며, 말씀처럼 흉·허물이 없는 관계다.

마찬가지로 하나님을 아버지라 부르는 하나님의 자녀가 된 그리스도인들은, 하나님의 은혜인 예수님의 죽음과 부활로 법이 폐해졌고 감추거나 숨길 것이 없는 흉·허물이 없는 관계다.

[로마서 4장]
15절 율법은 진노를 이루게 하나니 '율법이 없는 곳'에는 범법도
　　　없느니라

[로마서 7장]
4절 그러므로 내 형제들아 너희도 그리스도의 몸으로 말미암아
　　율법에 대하여 죽임을 당하였으니 이는 다른 이 곧 죽은 자
　　가운데서 살아나신 이에게 가서 우리로 하나님을 위하여 열
　　매를 맺게 하려 함이니라

각종 언론 매체들을 통해 뉴스를 보거나 듣다 보면 안타까운 소식을 접할 때가 종종 있다. 죄를 범한 사람이 죄와 법에서 벗어나기 위해 조사나 수사를 받다가 자살을 했다는 거다. 그러면 국가의 수사기관이나 법원은 죽은 사람에 대하여 죄에 대한 법을 적용하여 처벌하지 못하고 공소권 없음으로 사건을 종결 처리한다.

　　예수님은 죄(원죄, 자범죄)로 심판받아 저주받고 지옥에 갈 우리를 대신하여 죽어 주심으로, 우리 그리스도인들을 피도 눈물도 없는 율법이 처벌하지 못하도록 율법의 심판에서 구원해 주셨다.

　　예수님의 십자가 보혈의 은혜로 거듭나서 구원받은 그리스도인과 하나님 사이엔 법이 없음으로 죄가 성립될 수가 없다는 거다.

　　하나님이 짝지어 주셨다는 것은, 예수님의 십자가 보혈의 은혜로 받은 구원이 결혼한 것과 같은 것이고, 구원받은 이후 율법과 양심대로 살지 못한다고 해서, 구원이 취소나 무효가 되는 이혼은 절대로 있을 수가 없다는 것이다.

13.

아버지와 아들 사이에는
법이 없다

아버지와 엄마가 아들과 딸을 안고 쳐다보며 행복해하고 있다.

교회에서 쓰는 단어의 뜻과 호칭의 의미를 정확히 알면 복음 아닌 것이 없고, 단어의 뜻과 호칭의 의미를 정확히 알면 구원을 못 받을 사람이 없으며, 구원받은 이후에도 구원을 잃어버릴 걱정이 없다.

교회를 다니게 되면 익숙한 단어이면서 거부감이 나타나는 단어들이 있다. 형제자매와 부친님과 모친님, 그리고 하나님 아버지라는 단어가 대표적일 것이다.

먼저 교회에 다니는 사람들이 "형제님! 자매님!" 하고 부르면 당황스러우면서도, "내가 왜 당신의 형제이고 자매입니까?" 하고 따지면 상대방이 무안해하고 당황스러워할까 봐 "아, 예! 예!" 하고 넘어가며, 나의 교회에 대한 무지와 무식함이 드러날까 봐 역시 대충 "예! 예!" 하고 넘어간다.

형제자매는 한 아버지, 한 어머니의 피와 살을 받아서 태어난 사람들이다. 그럼 기독교에서는 어떤 기준과 원리로 한 분 하나님을 믿는 성도들을 형제자매라고 부르는가?

우리 육체를 가진 사람들은 아버지, 어머니 두 분의 동일한 피와 살을 받아 태어난 사람들을 형제자매라고 한다.

[빌립보서 2장]
6절 그는 근본 하나님의 본체시나 하나님과 동등됨을 취할 것으로
    여기지 아니하시고

이 말씀처럼 예수님은 근본 본체가 하나님이시다.

이 하나님이신 예수님이 창세 이후 세상 끝날까지 이 세상 모든 사

람을 사랑하셔서, 창세 이후 첫 사람 아담으로부터 세상 끝날 최후의 한 사람까지, 모든 사람들의 모든 죄를 대신 씻어 주시는 대속제물로 2,000여 년 전 이 땅에 오셨다. 그리고 예수님이 2,000여 년 전 골고다 언덕 십자가에서 창세 이후 첫 사람 아담부터 시작해서 이 세상 끝날, 최후의 마지막 한 사람의 죄까지 깨끗하게 다 씻어 놓으셨다.

이 예수님은 근본 본체가 하나님이라고 앞에서 기술했다. 골고다 언덕 십자가에서 우리 모든 사람의 죄를 씻어 주시기 위해 창과 채찍과 못과 가시면류관으로 말미암아 살 찢기고 피 흘려서, 믿는 모든 사람들의 죄를 씻어 주신 성령세례로 거듭나는 구원의 새 생명을 주신 것이다.

쉽게 말하면, 예수님의 근본 본체는 하나님이시고, 실제로는 하나님이 살 찢기고 물과 피를 흘리신 성령세례로 믿는 사람들을 죄인에서 의인으로 다시 태어나게 해 주신 것이다.

아담 안에서 죽은 우리 모두는, 본체가 한 분 아버지 하나님이신 예수님의 살과 피로 이루어진 성령세례를 마음으로 믿어서(육신의 부모로부터 피와 살을 받았다는 것과 같은 의미임) 죄인에서 의인으로 다시 태어났기 때문에, 하나님은 아버지가 되시고 믿는 우리 모두는 하나님의 자녀이고 형제자매라고 부를 수 있는 것이다.

하나님을 아버지라고 부르는 모든 그리스도인들에게 질문하고 싶은 것이 있다. 이 세상에 태어난 우리 모두는 우리의 몸을 낳아 주신 부모님이 계신다. 고아라 할지라도 아버지와 어머니가 누구인지 모르는 것이지 부모님이 안 계시는 것은 아니다.

부모와 자녀지간에는 법이 없다. 말로 표현할 수 없는 사랑과 애

툿함과 관용과 너그러움 등만이 있을 뿐이다.

[창세기 9장]

20절 노아가 농사를 시작하여 포도나무를 심었더니

21절 포도주를 마시고 취하여 그 장막 안에서 벌거벗은지라

22절 가나안의 아버지 함이 그의 아버지의 하체를 보고 밖으로 나
　　　가서 그의 두 형제에게 알리매

23절 셈과 야벳이 옷을 가져다가 자기들의 어깨에 메고 뒷걸음쳐
　　　들어가서 아버지의 하체를 덮었으며 그들이 얼굴을 돌이키
　　　고 그들의 아버지의 하체를 보지 아니하였더라

24절 노아가 술이 깨어 그의 작은 아들이 자기에게 행한 일을 알고

25절 이에 이르되 가나안은 저주를 받아 그의 형제의 종들의 종이
　　　되기를 원하노라 하고

26절 또 이르되 셈의 하나님 여호와를 찬송하리로다

27절 하나님이 야벳을 창대하게 하사 셈의 장막에 거하게 하시고
　　　가나안은 그의 종이 되게 하시기를 원하노라 하였더라

노아 시대 때 대홍수가 있었고, 노아와 그의 식구들은 방주를 미리 준비하여 목숨을 잃지 않는 구원을 받았다.

이후 포도농사를 하였고, 노아가 포도주에 대취해서 하체를 드러내고 잠을 자고 있는데, 가나안의 아버지 함이 그의 아버지 노아의 부끄러운 모습을 감추어 주지 않고, 그의 두 형제 셈과 야벳에게 고자질했다.

가나안의 족장 함으로부터 아버지의 부끄러운 모습을 들어서 알게 된 셈과 야벳은 아버지의 부끄러운 모습을 보지 않으려고 뒷걸음질로 다가가 준비해 간 옷으로 아버지 노아의 하체를 덮어서 가려 주었다.

이 노아의 이야기에서 하나님이 우리에게 알게 해 주시려고 하는 것은 아버지와 아들 사이에는 법이 없어서 죄가 성립되지 않을 뿐만 아니라, 부끄러운 치부도 외부에 알리지 않고 서로 이해하고 감싸 주며 포용해 주어야 한다는 것이다.

하나님의 뜻에 부합해서 아버지 노아의 치부를 드러내지 않은 셈과 야벳은 가나안 족속을 종으로 삼는 복을 받았고, 반대로 하나님의 뜻을 거슬러서 아버지 노아의 치부를 드러내고 알린 가나안 족장 함은 종이 되는 저주를 받았다.

사무엘하 13장에서 생각하기도 싫고 있어서는 안 될 근친상간이 벌어졌고, 형제지간에 살인사건이 일어났다.

다윗의 맏아들인 암논이 이복누이인 다말을 자신의 침실로 꾀어서 강간을 하는 성폭행을 범하였다.

이 사실을 나중에 안 다윗왕의 셋째 아들이며 다말과 어머니가 같은 친오빠이고 암논의 이복동생인 압살롬이, 2년 후에 이복형인 암논을 보복살해하는 살인사건을 일으켰다.

[사무엘하 13장]

32절 다윗의 형 시므아의 아들 요나답이 아뢰어 이르되 내 주여 젊은 왕자들이 다 죽임을 당한 줄로 생각하지 마옵소서 오직 암논만 죽었으리이다 그가 압살롬의 누이 다말을 욕되게 한

날부터 압살롬이 결심한 것이니이다

아들 압살롬이 맏아들 암논을 죽였다는 사실을 알고도, 아버지 다윗왕은 압살롬을 살인죄를 적용하여 똑같이 죽이는 처벌을 하지 않았고, 압살롬은 도망하여 그술왕 암미훌의 아들 달매에게로 갔고 3년을 그술에서 지내게 된다.

[사무엘하 18장]
12절 그 사람이 요압에게 대답하되 내가 내 손에 은 천 개를 받는
    다 할지라도 나는 왕의 아들에게 손을 대지 아니 하겠나이다
    우리가 들었거니와 왕이 당신과 아비새와 잇대에게 명령하
    여 이르시기를 삼가 누구든지 젊은 압살롬을 해하지 말라 하
    셨나이다

이복형 암논을 죽여서 그술로 도망을 한 압살롬은 3년 후 군대장관 요압의 계략과 아버지 다윗왕의 허락으로 예루살렘 집으로 돌아왔다.
예루살렘 내 아버지 다윗왕 근처로 복귀한 아들 압살롬은 백성과 신하들의 마음을 끄는 환심을 산 다음, 아버지 다윗왕을 배반하는 반역을 일으켰다.
압살롬은 초기 반역전쟁에 성공하여 아버지 다윗왕이 피난을 가게 하였고, 피난 가지 못한 아버지의 후궁 다섯을 훤한 대낮에 범하는 패륜의 죄까지 저질렀다.
이후 전세를 역전시킨 아버지 다윗왕이 군대장관 요압에게 아들

압살롬을 죽이지 말고 살려 주라는 명령을 하였다.

아들 압살롬에 대한 아버지 다윗왕의 사랑을 모르는 군대장관 요압은, 전쟁에서의 전과와 공에만 마음이 잡혀 있었다.

아버지 다윗왕의 군대장관 요압에게 패한 압살롬이 도망하다 상수리나무 Y 자 가지에 머리채가 걸려 공중에 대롱대롱 매달리는 신세가 되고 만다.

온몸을 버둥거리며 발버둥을 치고 있는 압살롬에게 군대장관요압이 다가가, 다윗왕의 명을 어기고 압살롬을 죽이고 만다.

이후 아들 압살롬의 죽음을 슬퍼하는 아버지 다윗왕을 향해 군대장관 요압이 말하기를, 차라리 우리가 압살롬에게 패하여 다 죽고 압살롬이 살아 돌아왔으면 왕이 기뻐하였겠나이다 하고 원망과 불평을 하였다.

다윗이 나이 많아 죽음이 임박하여 아들 솔로몬에게 왕위를 넘겨줄 때에 군대장관 요압을 살려 두지 말고 반드시 죽이라고 유언하였고, 솔로몬은 아버지의 유언대로 요압을 죽였다.

압살롬은 아버지 다윗에게는 참으로 패륜적인 아들이었다. 다윗의 딸이면서 이복동생인 다말을 범한 암논을 죽인 죄와, 반역과 패륜을 범한 압살롬을 직접 처벌하지 않았다. 압살롬은 이복여동생 다말과 아버지 다윗왕의 후궁 다섯 명을 범한 패륜적인 범죄자이며, 이복형 암논을 죽인 살인자이고, 반역을 실행하다 실패해서 죽임을 당한 범죄자이다. 이러한 범죄자가 다윗왕의 아들이라도 법대로 처벌해야 한다는 생각에 잡혀 있는 과거의 나로선 도저히 이해 못 하는 사건이다. 아버지와 아들 사이에 법이 있고 양심과 도덕이 철저한 가정이 있다면 아마 굉장히 피곤한 가정일 것이고, 생각만 해도 끔찍하다.

사람들이 친한 관계에서 서로 다툼이 일어나고, 다툼의 정도가 심하여 다시는 안 볼 사람이라면 하는 말이 있다.

'법대로 해!'

이 말을 하는 사람은 겉으로는 표현을 안 하지만 속마음으로는 우리 다시는 보지 말자. 그리고 인연을 끊고 완전한 남남이 되겠다는 각오와 결심에서 한 말일 것이다.

만일 어느 가정에 법이 있어서, 이불을 안 개면 벌금 얼마, 설거지를 안 하면 밥을 안 준다는 법이 있다든가 하면 그 가정은 굉장히 피곤하고 경직된 가정이 될 것이다.

피와 살을 물려주서서 이 세상에 나를 태어나게 한 육체의 아버지와 아들 사이에는 법이 없다. 십자가에서 살 찢기고 피 흘리신 성령세례로 우리를 거듭 태어나게 하신 예수님의 본체이신 하나님은 그리스도인들의 아버지이다. 그러면 하나님을 아바 아버지라고 부르는 하나님의 아들과 딸들 사이엔 법이 없는 것이 당연한 거 아닌가?

법이 없으면 죄가 성립되지 않는다.

예수님이 십자가에서 이루신 성령세례로 구원받아 하나님의 아들 (아들과 딸을 함께 표현한 대명사임)이 된 그리스도인들이 구원받은 이후 죄를 범하고, 그래도 죄가 없는 의인이라고 말하면 사람들은 도무지 이해를 못 한다.

이 복음, 거듭남의 진리를 깨우치지 못한 사람들은 거듭나서 구원받은 그리스도인들을 향하여 양심도 없는 인간들이라고 비난하고 심지어는 쓰레기 같은 놈들이라고 손가락질하며 비웃는다.

이렇게 거듭난 그리스도인들을 비웃고 손가락질하며 이해를 하지 못하는 사람들은 죄를 범하니까 죄인이라는 선악과의 선에서 나온 자기의 양심에 생각이 갇혀 있기 때문이다.

그러면 절대로 과거, 현재, 미래의 죄까지 깨끗하게 씻음 받아서 거듭나는 구원이, 양심에서 나오는 죄인이라는 생각을 무시하고 뛰어넘는 믿음으로 이루어지지 않는다.

예수님의 십자가 보혈로 죄를 씻음받아 구원받은 우리가 여호와 하나님을 아버지라 부르고, 하나님은 구원받은 우리를 아들과 딸로 받아 주시고 불러 주시는 것은 엄청난 은혜이고 대단한 특혜이다.

다시 한번 더 강조하는데 육신의 부모에게서 피와 살을 물려받아 이 세상에 태어난 우리는 육신의 아버지와 어머니의 아들이고 딸이다.

그래서 육신의 부모와 자식 간에도 법이 없고, 죄를 범해도 법이 없음으로 죄가 성립되지 않는다.

이와 마찬가지로 근본 본체가 하나님이신 예수님이 십자가에서 살 찢기고 피 흘려 주셔서, 하나님의 살과 피를 믿음으로 받아 거듭난 우리는 하나님의 아들이고 딸인 것이다.

이 글을 읽는 여러분들은 다들 최소한 누군가의 아버지이고 어머니이며, 아들과 딸일 것이다.

만일 여러분의 자녀나 부모님이, 세상에서 증오하는 살인죄를 범했다고 하자. 자녀나 부모가 살인죄를 저질렀으니까 지금부터 인연을 끊고, 내 부모나 자녀가 아니야 할 것인가? 아니, 통상적인 보통의 가족이라면 그렇지 않다.

일단 어떻게 해서든 내 부모나 자녀의 죄가 감경받도록 노력하거나 무죄가 되도록 피해자 가족과 합의를 시도할 것이다. 그리고 전 재산을 다 팔아서라도 변호사를 선임하여 형량이 최소한으로 낮추어지게 하거나 무죄를 선고받을 수 있도록 노력할 것이다.

예수님은 우리 죄를 대신하는 대속제물로 이 땅에 오셨다.

그리고 우리가 받아야 할 죄의 형벌을, 예수님이 살 찢기고 피 흘리신 성령세례로 다 해결하셨다.

예수님이 우리를 죄가 없는 의인으로 거듭나게 해 주신 것이다. 예수님의 피와 살로 죄를 사함받아 거듭났다는 것은, 사람이 육체의 부모로부터 피와 살을 받아 태어났다는 것과 같다.

[마태복음 26장]
26절 그들이 먹을 때에 예수께서 떡을 가지사 축복하시고 떼어 제자들에게 주시며 이르시되 받아서 먹으라 이것은 내 몸이니라 하시고
27절 또 잔을 가지사 감사 기도 하시고 그들에게 주시며 이르시되 너희가 이것을 다 마시라
28절 이것은 죄 사함을 얻게 하려고 많은 사람을 위하여 흘리는 바 나의 피 언약의 피니라

이제 우리 그리스도인들은 한 분 하나님이신 예수 그리스도의 똑같은 피와 살을 믿음으로 받아 죄인에서 의인으로 거듭 태어났다.

그래서 하나님은 거듭나서 구원받은 그리스도인들의 아버지이고, 우리 그리스도인들은 하나님을 아바 아버지라 부르는 아들과 딸이다.

14.
한 번 구원은 영원한 구원인가?

끝없는 길 같아도 끝이 없는 길은 없다.

대한민국에 사는 외국인이 우리나라 한국에서 한국말을 유창하게 잘하고 직장생활하며 세금 내면서 오랫동안 한국에 살아도, 대한민국 국민이라는 국적자가 아니라면, 그 사람은 대한민국 국민이 아니라 여전히 외국인이다. 어느 도시의 지정된 학생복이 있는 학교에, 학적부에 등재되지 않은 사람이 그 학교의 학생복을 입고 그 학교를 출입한다고 해서 그 사람은 그 학교의 학생이 될 수 없고, 우리는 그런 사람을 가짜 학생이라고 한다. 자동차 운전을 기가 막히게 잘하는 사람이라도 자동차 운전면허증 없이 운전을 하다 적발되면 범법자이며 무면허운전자로 처벌을 받는다.

　자동차 운전은 하지만 운전면허증이 없으면 무면허 운전자이고 범법자인 것처럼, 예수님의 성령세례로 거듭나서 구원받은 믿음의 할례가 없는 사람은 가짜 기독교인이다.

　어머니 배 속에 있을 때부터 하나님을 믿었다는 모태교인과, 이 세상에 태어나 아무것도 모르는 유아 때 유아세례를 받았기 때문에 자신은 하나님을 믿는 기독교인이고, 그래서 천국에 갈 수 있다는 생각에 갇혀 있는 사람들이 참으로 많다.

　모태교인이 아니거나, 유아세례는 받지 않았지만, 살면서 여러 가지 이유와 사정으로 기독교인이 된 사람들도 있다. 이후 교회생활을 통해 어떤 신비한 체험이나 기적을 경험해서 병이 낫거나 문제해결을 받은 사람들도 있다. 봉사, 전도 등을 잘해서 교회 부흥에 쓰임 받았기 때문에 자신을 기독교인이라고 자부하는 사람도 있다. 교회 예배당과 각종 건축물을 지을 때 건축헌금을 허리가 휘도록 했고, 십일조와 각종 헌금을 자신이 생각할 때 잘했다고 판단해서 자부심을 느끼는 사람들이 있다.

'나는 새벽기도에 한 번도 빠지지 않았어.'

'나는 성경을 겉표지와 속지가 닳아서 너덜너덜해지도록 수없이 많이 읽었고, 성경 어느 구절은 안 보고도 외워.'

그러나 안타깝게도 이렇게 하나님과 교회를 향하여 뭔가를 많이 한 사람들에게 실망스런 말을 할 수밖에 없다.

열심히 노력하고 헌신한 사람들이라도 거듭나서 구원받지 못한 죄인이고 죄를 용서해 달라고 회개기도하는 사람들이라면, 여러분은 하나님과 상관없는, 예수님이 말씀하신 독사의 자식, 죄인인 거다.

교회 예배당에서 많은 예배를 드리고, 각종 헌금을 허리가 휘도록 하고, 전도해서 교인이 늘고, 봉사활동을 해서 교회와 국가와 각종 직능단체로부터 상을 받았다 해도, 마음이 죄에서 벗어나지 못해 자범죄를 용서해 달라고 회개기도하며 구원받은 죄인이라고 고백한다면, 죽어서 지옥에 갈 수밖에 없는 독사의 자식, 죄인인 거다.

우리말에 입은 삐뚤어졌어도 말은 바로 하란 말이 있다.

구원을 받았으면 죄가 없는 구원받은 의인이지 어떻게 구원받은 죄인이 된단 말인가?

조금만 생각해 보면 말이 안 되는 말인데, 사탄의 간교한 그럴듯한 속임수와 사기에 얼마나 많은 사람들이 속아 이용당하며 놀아나고 있는지 진짜 미치고 팔짝 뛰며 기가 막힐 노릇이다.

구원받은 죄인이라고 믿는 사람들은, 대한민국에 살면서 대한민국 국적이 없는 외국인이거나, 학교 문을 통해 학교는 다니지만 학적부에 등재되지 않은 가짜 학생과 같은 거다.

즉 구원받은 죄인이거나 죄를 용서해 달라고 회개기도하는 사람들은 하나님과 관계없는, 하나님이 미워하는 죄인이기 때문에 하나님과 교회가 인정하는 그리스도인이 아니다. 안됐지만 이런 사람들은 가짜 목회자이고 가짜 성도이다.

그럼 어떻게 해야 구원받은 죄인이 아니라 구원받은 의인이 될 수 있을까?

[창세기 3장]
5절 너희가 그것(선악과)을 먹는 날에는 너희 눈이 밝아져 하나님과 같이 되어 선악을 알 줄 하나님이 아심이니라

아담의 후손인 우리 모두의 마음에는 하나님이 에덴동산에 있는 선과 악을, 좋다와 나쁘다를 판단할 수 있는 선악과를 먹지 말라고 하셨다. 그런데 아담과 하와가 사탄, 뱀의 유혹을 뿌리치지 못하고 유혹에 넘어가 선악과를 먹었다.

아담이 먹은 선악과의 효과와 영향은 아담 한 명에 그치는 것이 아니라 아담의 후손인 우리 모두가 아담 안에서 선악과를 먹은 것이 된다. 그래서 모든 사람은 아담 안에서 죄인이 됐다.

그 증거로 아담 이후 세상 끝날까지 최후의 한 사람까지, 모든 사람들의 마음에는 '좋다 나쁘다'와, '옳다 틀리다'를 판단하는 마음과, 미안한 마음과, 자존심과 자만심 같은 선악과의 선에서 나온 양심으로 인한 죄성이 있는 것이다.

예수님을 믿고 교회를 다니는 사람이라면, 예수님의 십자가보혈

로 이루어진 성령세례로 나와 우리 모든 사람들의 죄가 사해졌고 씻음받았다는 걸 모르는 사람은 없을 것이다.

이렇게 예수님의 십자가 보혈로 이루어진 성령세례로 죄를 씻음받아서, 과거, 현재, 미래의 죄까지 깨끗하게 씻음 받아 구원받았다면 죄가 없는 구원받은 의인이다.

이후 죄를 범해도 죄가 없는 구원받은 의인의 믿음을 가져야 하는데, 구원받은 죄인이라고 하니, 구원받은 죄인이란 말이 앞뒤가 안맞고, 말이 안 된다는 것을 생각해 보기 바란다.

그럼 왜 구원받은 의인이 아니라 구원받은 죄인과 자범죄는 용서해 달라고 싹싹 빌고 고백하는 회개기도란 앞뒤가 맞지 않는 엉터리 교리가 생겨났고, 사람들은 구원받은 죄인과 회개기도란 말도 안 되는 엉터리 교리에 속아 왔던 것인가?

그건 바로 하나님이 아담에게 먹지 말라 명하신 선악과를 먹음으로서, 우리 마음에 옳고 그름과 좋다 나쁘다를 판단하는 마음과 양심이 만들어졌기 때문이다.

이 판단하는 마음하에 예수님이 십자가에서 살 찢기고 피 흘려 주신 성령세례로 우리 죄를 씻어 주셨지만, 구원받은 이후의 자범죄는 죄를 용서해 달라고 하는 회개기도를 해야 한다고 생각한다. 그리고 예수님이 십자가에서 씻어 주신 죄는 원죄고, 구원받은 이후 자범죄는 죄를 일일이 기억하여 고백하고, 생각이 안 나는 죄는 알고 지은 죄 모르고 지은 죄까지 다 용서해 달라고 하는 회개기도를 해야 죄가 씻어진다고 믿는다.

선악과의 선에서 파생(派生)된 인본주의적이며 인간적인 그럴싸

한 생각이, 예수님의 성령세례를 교묘하게 거부하게 하여 거듭나서 구원받지 못하게 방해하는 주범이다.

회개기도! 백 날, 천 날 계속해 보시라.

그러면 어떻게 해야 선악과를 먹음으로써, 그중에서도 특히 선에서 일어나는 양심과 생각에서 벗어나, 죄를 사함받고 죄인이 아닌 의인으로 거듭날 수 있을까?

그 열쇠는 하나님의 말씀에서 찾을 수 있다.

[로마서 5장]

18절 그런즉 한 범죄로 많은 사람이 정죄에 이른 것 같이 한 의로운 행위로 말미암아 많은 사람이 의롭다 하심을 받아 생명에 이르렀느니라

19절 한 사람(아담)이 순종하지 아니함으로 많은 사람이 죄인 된 것 같이 한 사람(예수님)이 순종하심으로 많은 사람이 의인이 되리라

[마태복음 16장]

24절 이에 예수께서 제자들에게 이르시되 누구든지 나를 따라오려거든 자기를 부인하고 자기 십자가를 지고 나를 따를 것이니라

우리 모든 사람들이 죄인이 된 것은 로마서 말씀에서 증거하듯 아담 한 사람으로 말미암은 것이며, 의인이 된 것도 로마서 말씀에서

증거하듯 예수님 한 분의 순종하심으로 된 거다.

예수님은 마태복음 16장 24절 말씀에서 우리가 예수님을 따르려면, 구원받은 의인의 믿음을 받으려면, 자기를 부인하고, 즉, 선악과를 먹어 우리 마음 안에서 일어나는 우리 생각과 내 생각을 인정하지 말고 부인해야 한다고 말씀하신 거다.

선악과의 선에서 파생된 죄를 범했으니까 죄인이란 내 마음과 양심에서 나오는 소리를 부인하고, '그렇지만 예수님의 십자가보혈로 내 모든 죄가 씻어졌어. 그래서 나는 죄인이란 내 소리 안 믿고 죄를 씻어 주신 예수님을 믿을 거야! 그래서 난 의인이야!' 하는 이 믿음이 죄인이란 내 생각을 안 믿고 진짜 예수님을 믿는 믿음이다.

우리는 지금까지 교회에 다니며 예수님의 십자가 보혈로 과거, 현재, 미래의 모든 죄를 씻음 받아서 구원받은 줄 알고 있지만, 구원받은 죄인이라거나 회개기도하는 사람들이라면 거듭나는 구원을 받은 게 아니다.

예수님의 십자가 보혈로 씻음받은 죄는 하나님이 먹지 말라 하신 선악과를 먹음으로 범한 원죄이고, 원죄와 별도로 예수님의 십자가 보혈로 씻음받은 이후 범한 자범죄는, 죄를 용서해 달라고 손바닥과 발바닥이 닳도록 싹싹 비는 회개기도를 해야 용서를 받는다고 생각한다면 틀린 생각이다. 이는 잘못된 교리이고, 선악과의 선에서 파생된 마음과 양심에서 나오는 사탄의 사기술이며 다들 철저히 속아 왔고 속고 있던 것이다.

[요한복음 3장]

3절 예수께서 대답하여 이르시되 진실로 진실로 네게(니고데모)
이르노니 사람이 거듭나지 아니하면 하나님의 나라를 볼 수
없느니라

예수님은 요한복음 3장 3절에서 밤에 몰래 찾아온 랍비 니고데모
에게 거듭나서 구원받지 못하면 하나님 나라를 볼 수 없다고 말씀하
셨다.

하나님 나라를 볼 수 없다는 것은 죽어서 천국에 못 갈 뿐만 아니
라, 하나님의 말씀인 성경을 이해할 수도 없고, 해석도 못 하며, 하나
님의 세계를 보거나 이해할 수도 없다는 것이다. 한마디로 하나님의
세계에 대해서 까막눈이라는 것이다.

거듭나는 구원을 받으면 하나님의 성령이 우리와 함께하심을 느
끼며 알 수 있다. 기도와 묵상할 때 성경의 말씀이 깨달아지며, 하나
님의 마음과 나라를 마음속에서 알게 하시고 보여 주신다.

끝으로 다시 한번 강조한다.

대한민국, 우리나라에 오래 산 외국인이라도 대한민국 국민이라
는 증거로 국가가 증명하는 주민등록부에 등재되어 있지 않으면 대
한민국 국민이 아닌 외국인이다.

진정한 그리스도인은 예수님의 십자가 보혈로 죄를 씻음받아서
구원이 취소가 되지 않는 믿음을 가진 사람이다.

그런데 사람들이 혼동하는 것이 있다. 하나님 나라의 법과 세상
나라, 대한민국의 법 사이에서 법 적용을 두고 혼동을 하고 있는 것
이다.

성경에서 말하는 율법은 하나님과 이스라엘 민족, 하나님과 그리스도인과의 적용에 관한 것이다. 거듭난 그리스도인이라도 육체가 살고 있는 세상 나라, 대한민국 법을 범했으면, 대한민국 법에 의해 죄인이고, 법이 정한 처벌을 받는 것이 당연한 것이다.

이를 이해 못 하니까 거듭나서 구원받은 그리스도인들을 양심도 없는 파렴치범으로 취급하고, 같은 예수를 믿는다 하는 사람들까지도 거듭나서 구원받은 그리스도인들을 이단으로 낙인찍어 복음 전도의 방해자 역할을 하고 있는 것이다.

죄인에서 의인으로 거듭났고, 거듭나서 구원받았으면, 구원이 취소되지 않고 죄가 없는 구원받은 의인이고, 하나님의 혈통이며 의인 아브라함의 후손이다.

한 번 구원은 영원한 구원이다!

15.
구원받은 이후
죄란 무엇인가?

거리에서 성경을 전하고 복음을 전하는 기독교인

구원은 하나님과 그리스도인 간에 직접 영적 대화를 나눌 수 있는 직통 전화기가 마련된 것이다.

한쪽만 전화기가 있고, 상대는 전화기가 없다면 쌍방 통화 및 마음의 교류는 이루어질 수 없다.

구원받은 그리스도인들에겐 성령이 임재하셔서, 말씀을 이해하며 깨닫는 예언의 은사와, 전도를 하고 싶은 소명의식과, 그리스도와 교회에 폐를 끼치지 않는 절제 등, 믿음을 지키고 발전시키는 일들을 끊임없이 쉼 없이 하신다.

[야고보서 1장]

22절 너희는 말씀을 행하는 자가 되고 듣기만 하여 자신을 속이는
     자가 되지 말라

[야고보서 2장]

14절 내 형제들아 만일 사람이 믿음이 있노라 하고 행함이 없으면
     무슨 유익이 있으리요 그 믿음이 능히 자기를 구원하겠느냐

사람이 거듭나서 구원받는 것이 행위가 아닌 믿음으로만 이루어지는 거라고 말을 할 때, 거듭나는 구원을 이해하지 못하는 사람들이 인용하는 말씀이 야고보서 2장 14절이다.

"여기 하나님 말씀에 행함이 없이 믿음만으로 구원을 못 받는다고 쓰여 있잖아!" 하며 따지듯이 질문을 한다.

그리고 그렇게 질문한 사람들은, 질문을 받은 사람이 우물쭈물하

며 대답을 못 하거나 얼버무리면, 속으로 자신의 판단이 옳다고 쾌재를 부르며 승리감에 도취되는 것을 본 기억이 있다.

사람들이 행함과 행위를 헷갈려 하는데, 야고보서의 행함은 행위와 다른 말이다.

행위는 죄인에서 의인으로 거듭나는 구원을 받을 때, 전적으로 예수님의 십자가 보혈의 은혜만을 믿어야 하는데, 우리가 죄 안 짓고 율법을 잘 지키는 등 무언가를 잘한 대가로 은혜받으려는 것이 행위다.

[야고보서 2장]

20절 아아 허탄한 사람아 행함이 없는 믿음이 헛것인 줄을 알고자 하느냐

21절 우리 조상 아브라함이 그 아들 이삭을 제단에 바칠 때에 행함으로 의롭다하심을 받은 것이 아니냐

22절 네가 보거니와 믿음이 그의 행함과 함께 일하고 행함으로 믿음이 온전하게 되었느니라

23절 이에 성경에 이른 바 아브라함이 하나님을 믿으니 이것을 의로 여기셨다는 말씀이 이루어졌고 그는 하나님의 벗이라 칭함을 받았나니

24절 이로 보건대 사람이 행함으로 의롭다 하심을 받고 믿음으로만은 아니니라

26절 영혼 없는 몸이 죽은 것 같이 행함이 없는 믿음은 죽은 것이니라

아브라함이 믿음만이 아니라 행함으로도 의롭다 함을 하나님께로부터 인정받았다고 하나님이 말씀으로 증거해 주셨다.

하나님이 아들 이삭이 태어나기 전에, 밤하늘의 수많은 별들을 보여 주시면서, 아들 이삭을 통해 아브라함의 자손이 일일이 다 셀 수 없는 밤하늘의 별과 같이 많게 해 주시겠다고 약속하셨다.

아브라함이 하나님의 이 약속을 믿었고, 하나님은 아브라함의 이 믿음을 의로 여기셨다고 하셨다. 그래서 이름도 아브람에서 믿음의 조상이라는 아브라함이 됐다.

이후 믿음으로 잉태된 아들 이삭이 태어났고, 이삭이 성장한 후 하나님은 독자 이삭을 번제로 드리라고 하셨다.

번제는 흠 없는 숫양이나 숫염소와 수송아지의 피를 번제단 뿔에 바르고 가죽은 제사장이 취하며, 제물의 머리와 몸통, 다리에서 꼬리까지 불에 태운 다음 재가 되게 하는 제사다. 번제로 드리라는 것은 쉽게 말해 독자 이삭을 죽이라는 것이다.

하나님의 말씀대로 독자 이삭을 번제로 드리면 문제가 생긴다. 독자 이삭이 번제물로 죽으면, 이삭과 야곱과, 야곱의 12 아들 중 유다의 후손인 요셉과 아내 마리아의 믿음을 통해 예수님이 이 땅에 강림하신다는 하나님의 약속이 이루어지지 않고 지켜질 수가 없다.

더불어 아브라함의 후손으로 예수님이 강림하셔서 세상을 구원하시고, 아브라함의 후손이 모래알과 같이 수를 셀 수 없도록 번성하게 해 주시겠다는 하나님의 약속된 구원의 계획에 차질이 생겨 이루어지지 않게 되는 것이다.

아들을 사랑하는 아버지의 정과, 하나님의 약속을 믿는 믿음 사이에서, 아들을 번제물로 드리기가 어려웠을 것이다. 그러나 아브라함은 독자 이삭이 번제물로 드려져서 죽는다 해도, 하나님이 하나님의 약속이행을 위해서 독자 이삭을 다시 살려 주실 것을 믿었다.

그래서 아브라함은 독자 이삭을 데리고 번제물로 드려지는 장소인 모리아산으로 갔다. 그리고 번제를 드리기 위해 칼을 들고 독자 이삭을 죽이려 하자, 하나님이 아브라함을 급히 부르며 네 믿음을 보았노라 하셨고, 하나님이 준비해 주신 양으로 번제가 드려졌다.

세상엔 자칭 의로운 사람도 많고, 여러 명의 자식 중에서도 믿음으로 낳고 하나님이 인정하시는 믿음의 아들 독자 이삭을 통해서만 예수님이 이 땅에 강림하셔서 세상을 구원할 것을 아브라함은 계시와 믿음으로 알았다.

그래서 세상을 구원하는 하나님의 약속 이행에는 독자 이삭이 반드시 꼭 필요하다는 믿음을 갖게 되었고, 독자 이삭을 번제로 드리는 행함을 통해 여호와 하나님께로부터 믿음을 증명받았다.

이 행함의 믿음이 바로 활용하는 믿음, 써먹는 믿음이다.

야고보서 2장 26절의 행함이 없는 믿음은 죽은 것이라고 말씀하셨는데, 필자는 써먹지 않는 믿음은 죽은 믿음이고, 구원받은 의인이 믿음을 활용해서 써먹지 않는 게 죄라고 생각한다.

죄인에서 의인으로 거듭나는 구원을 받으면 성령이 우리 마음 안에서 믿음을 일으키는 일을 하신다.

복음을 전하면 하나님이 전도사역에 필요한 모든 것을 준비하시고 공급해 주신다는 믿음을 성령이 일으키신다.

대한민국 청년이 나라를 지키는 군대에 입대해서 군인이 되면, 국가는 군복, 군화와 각종 무기는 물론이고, 의료지원과 교육지원 등 필요한 모든 것을 다 지원 및 공급해 준다.

그리고 국가는 자국에서 할 수 없는 훈련과 군사기술 습득을 위해선 유능한 군인을 선발하여 외국 유학까지 보내 주고, 유학생활에 필요한 모든 것을 아낌없이 지원하여 준다.

세상 나라의 능력과 비교할 수 없는 하나님 나라와, 하나님 나라의 복음 전도자가 복음을 전하면 하나님의 권능이 함께하시겠다는 믿음이 마음에서 일어나고, 이런 믿음은 성령이 일으키는 것이다.

성령을 의지하여 복음을 전하면 거듭나는 구원의 역사가 일어나고, 귀신을 쫓아내는 기도와 병 낫기를 간구하는 기도를 하면, 귀신이 쫓겨나고 병이 나을 거라는 믿음을 일으키신다.

[히브리서 10장]
38절 오직 나의 의인은 믿음으로 말미암아 살리라 또한 뒤로 물러
　　　가면 내 마음이 그를 기뻐하지 아니하리라 하셨느니라
39절 우리는 뒤로 물러가 멸망할 자가 아니요 오직 영혼을 구원함
　　　에 이르는 믿음을 가진 자니라

구원받은 그리스도인이 성령의 음성을 거부하고 육신의 종 된 삶을 사는 죄는, 거듭나기 전의 죄와 달라서 지옥 가는 죄는 아니다.

아버지와 마음을 함께하는 아들이 효자이듯, 구원받은 그리스도인이 예수님과 함께하는 것이 선이고, 함께하지 않는 것이 구원받은 이후 그리스도인의 죄다.

거듭나서 구원받은 필자의 마음에 복음 전할 마음을 성령님이 일으키셨고, 복음을 전하지 않고 내 마음에 묵혀 두는 게 죄라는 생각이 쉼 없이 일어나서 성령님의 음성을 따라 글로써 복음을 전하는 방법을 택하게 되었다.

[욥기 8장]
7절 네 시작은 미약하였으나 네 나중은 심히 창대하리라

16.
그리스도인에겐
무엇이 죄인가?

필자의 마음에서 구원이 이루어졌을 때 십자가 3개가

석양을 등지고 있는 모습을 하나님이 보여 주셨고,

"야, 네 죄 사해 놨잖아!" 하는 성령의 음성과 함께

내 죄가 사해졌다는 믿음을 하나님이 주셨다.

죄란 무엇이고 어떤 것이 죄인가?

보통 사람들과 일반적인 사회나 국가집단에서 정의하는 죄는 '도 둑질하지 말라', '살인하지 말라', '간음하지 말라'와 같은 누구나 인정 하고 긍정하는 통상적인 것들을 죄로 정의하고 있다.

그리고 특별한 상황으로 들어가서 환경적 특성과, 역사적 전통과, 개별적 국가나 집단들이 처한 상황에 따라 법의 적용을 달리하며 죄 의 기준과 처벌을 다양하게 달리하고 있다.

과거 우리나라엔 충청북도를 제외한 전국에 1982년 1월 5일 전까 지 0시부터 04시까지 통행을 금지하는 통행금지법이 있었다. 0시부 터 04시까지 통행을 할 때 1982년 1월 5일 이전에는 통행금지법 위 반으로 처벌을 받았지만, 1982년 1월 5일부터는 통행금지법이 없기 때문에 죄가 되지 않는 것이다.

그리고 지난 2015년에 우리나라에선 62년간 존속돼 왔던 '간통죄' 가 폐지되었다. 간통죄가 폐지된 이후 동일한 범죄를 범해도 법이 없기 때문에 민사처벌을 제외한 형사처벌을 할 수가 없다.

죄란 무엇이고, 어떤 것과 무엇이 죄인가?

죄는 상대적이다.

보통의 국가와 단체나 조직에선 살인이나 도둑질과 일반인들의 도로교통법 위반과 마약 복용 등 각양각색의 각종 법 위반을 제정된 법률에 근거하여 처벌하고 있다.

하지만, 살상을 전문적으로 하는 범죄 집단이나 남의 물건을 훔치 는 도둑놈 집단에선, 왕초, 두목의 뜻을 거역하여 살인을 안 하는 게 죄고, 남의 물건을 훔치지 않는 게 죄라는 것은 조직의 장과 마음을 같이하지 않는 게 죄라는 것이다.

이상은 죄에 대한 대략적인 설명이었고, 본문을 읽은 독자들 중엔 죄에 대한 기준에 혼란을 겪을 수도 있을 거다.

그럼 교회에 다니며 여호와 하나님을 믿는 그리스도인들에겐 무엇이 죄인지를 정확히 알아야 하지 않겠는가?

몸이 아파 병원에 갔을 때 제일 먼저 해야 할 것은 정밀한 검사와 진단으로 정확한 병명을 알아내는 거다. 그래야 질병에 대응하는 치료를 하고, 병을 치료하여 완치할 수 있기 때문이다.

그럼 그리스도인들에겐 무엇이 죄인가?

적어도 이 책을 접하는 독자들은 교회에서 들은 말씀과 성경을 읽어서 예수님이 십자가에서 이루어 주신 성령세례로 죄 사함받아 구원받았다는 것은 기본적으로 알고 있는 믿음의 소유자들일 거다.

이렇게 예수님이 십자가에서 이루어 주신 성령세례로 죄 사함받아 구원받았다고 머리로 알고 입으로 말은 하는데, 마음속에선 구원받은 죄인이란 사탄의 소리를 떨칠 수 없고 떨어지지 않아 끝없는 회개기도로 번민하고 고민하는 사람들이 많을 거라고 짐작한다.

필자도 그러한 시절이 있었다.

[마가복음 8장]

34절 무리와 제자들을 불러 이르시되 누구든지 나를 따라 오려거
든 자기를 부인하고 자기 십자가를 지고 나를 따를 것이니라
35절 누구든지 자기 목숨을 구원하고자 하면 잃을 것이요 누구든
지 나와 복음을 위하여 자기 목숨을 잃으면 구원하리라

마가복음 8장 34절~35절의 말씀은 하나님이신 예수님의 말씀이다.

모태교인이므로 유아세례를 받았으며, 새벽기도와 주일예배에 빠짐없이 참석하고, 십일조와 각종 헌금을 드리고, 성경필사와 전도와 봉사활동 등등… 하나님 앞에 잘한 것이 많은 사람은 35절의 예수님 말씀처럼 자기 목숨을 자기가 구원하고자 한 행위에 속한 사람들이다.

이렇게 자기 목숨을 자기가 구원하려고 노력하면 노력할수록 구원은 절대로 이루어지지 않는다.

오히려 반대로 노력하면 노력한 만큼 구원이 가까워진 것이 아니라 점점 더 멀어졌다는 것을 필자는 구원받은 이후 경험으로 체득하였고 확실히 알게 되었다.

예수님의 십자가 보혈로 죄 사함받고 거듭나서 구원받은 이후에는 율법과 계명들을 잘 지켜 죄를 안 범해야 하는데, 실상은 구원받기 전과 다름이 없이 여전히 죄를 범하기 때문에 내가 구원받았나 하는 의심과 함께 마음에서 갈등이 생기고 문제가 발생한다.

그래서 이런 의심과 함께 구원에 혼란을 겪고 있는 사람들은 구원받은 이후 범한 자범죄는 죄를 용서해 달라는 회개기도를 해야 한다하고, 그래도 어쩔 수 없이 죄를 범하면 더 열심히 죄를 안 범하도록 노력해야 한다고 주장한다.

그러면 구원받기 전과 구원받은 이후 다른 것이 무엇인가?

구원받기 위해서 율법을 지켜야 하고 구원받은 이후 구원의 은혜를 유지하기 위해 율법을 지켜야 한다면, 구원받을 필요가 없을 것이다.

쉽게 말해 한마디로 구원받았다는 거 헛고생한 거다.

그러면 어떻게 해야 하는가?

그건 34절의 예수님 말씀처럼 자기를 부인해야 한다.

구원받은 이후 죄를 범하고 나서 죄를 범했으니까 죄인이라는 자기 생각을 부인해서, 구원의 은혜를 유지하고 구원받은 의인의 믿음을 유지하려면 어떻게 해야 하는가?

그건 예수님의 십자가 보혈의 은혜로 구원받은 이후에도, 여전히 양심과 율법이 요구하는 완전무결한 삶을 살 수가 없다는 거다.

그래서 구원받은 이후 대부분의 사람들은 죄를 범했으니까 구원받은 죄인이라는 자신의 양심에서 나오는 소리에 동조하여 거부를 못 하고 무의식적으로 받아들인다.

하나님의 말씀은 예수님의 십자가 보혈로 죄(원죄+자범죄)를 흰 눈보다 더 희게 씻어 놔서 죄가 없는 의인이라고 말씀하신다.

[로마서 3장]

23절 모든 사람이 죄를 범하였으매 하나님의 영광에 이르지 못하더니

24절 그리스도 예수 안에 있는 속량으로 말미암아 하나님의 은혜로 값없이 의롭다 하심을 얻은 자 되었느니라

이렇게 하나님의 말씀은 은혜로 값없이 의롭다 하심을 얻은 자가 되었다고 선포하셨는데, 사람들은 그래도 '그렇지, 사람은 양심이 있어야 돼' 하면서, 선악과의 선에서 파생한 사람의 양심과 생각으로 하나님의 은혜를 거부한다.

이 알량한 양심이 문제다.

양심은 아담과 아담의 후손인 우리 모두가 아담으로 말미암아 선악과를 먹어서 우리 마음에 만들어진 결과물이다. 그래서 하나님은 선악과를 먹지 말라고 하셨고, 먹으면 죽는다고 경고하신 것은 우리의 양심에서 나오는 생각으로 예수님의 십자가 보혈의 은혜를 거부하며 걷어찰 것을 아셨기 때문이다.

선악과의 선에서 파생된 내 마음과 양심에서 나오는 '구원받은 죄인'이란 생각으로, 예수님의 십자가 보혈의 은혜를 부정하는 게 '그리스도인의 죄고, 성령모독죄이며, 십자가 모독죄'다.

17.
만물 속에 감추어진
말씀들의 증거

전기와 전파는 눈에 보이지 않고 손으로 만질 수 없지만
존재하지 않는 게 아니다. 만약에 전기와 전파를 눈으로 볼 수 있고
손으로 만질 수 있다면 현대문명은 있을 수 없을 것이다.

[고린도후서 4장]

18절 우리가 주목하는 것은 보이는 것이 아니요 보이지 않는 것이
니 보이는 것은 잠깐이요 보이지 않는 것은 영원함이라

하나님은 계시며 천국과 지옥은 정말 존재하는 것일까?

사람들은 눈에 보이지 않거나 손으로 만질 수 없다든가 하면 존재
자체를 없다고 부정하고 부인하는 경우가 참 많다.

그러나 세상에는 우리 눈에 보이지 않고 손에 잡히지 않으며 냄새
가 없어 코로 냄새를 확인할 수 없지만, 엄연히 실재하며 존재하는
실체들이 너무나 많다.

전기를 보거나 만지고 코로 냄새를 맡아 확인해 본 사람이 있는가?

전파를 보거나 만지고 코로 냄새를 맡아 확인해 본 사람이 있는가?

우리가 호흡을 할 때 필요한 공기를 눈으로 보거나 손으로 만지며
코로 냄새를 맡아 확인해 본 사람이 있는가?

사람과 동식물들의 생명활동에 꼭 필요한 공기와 함께, 전기와 전
파가 우리 눈으로 볼 수 없고 손으로 만질 수 없고 냄새가 없다는 것
이 얼마나 다행스러운 일인지 모른다.

만약에 손으로 만질 수 있거나 향기로운 냄새를 풍기는 공기가 있
다면 호흡활동은 어림없고, 좋은 냄새도 잠깐이지 우리의 코와 연관
된 호흡계와 뇌가 얼마나 피곤하겠는가?

전파나 전기가 손으로 만질 수 있고, 눈으로 볼 수 있는 고체나 액
체와 같은 물질이라면, 전기와 전파를 이용해서 사용하는 각종 전자
기기와 전기 제품들의 사용은 어림도 없을 것이고 화려한 현대문명

은 꿈도 꾸지 못했을 것이다.

보이며 만져지는 물체보다 보이지 않고 만질 수 없는 물질이나 물체의 능력이 훨씬 강력하며 다양하다는 것을 이 몇 가지 사례만 갖고도 확인하고 알 수 있었다.

[요한복음 16장]

7절 그러나 내가 너희에게 실상을 말하노니 내가 떠나가는 것이 너희에게 유익이라 내가 떠나가지 아니하면 보혜사가 너희에게로 오시지 아니할 것이요 가면 내가 그를 너희에게로 보내리니

하나님이신 예수님이 부활하신 후 다시 하늘로 승천하지 않으시고, 오늘날의 이스라엘 지역에만 계셨다면, 보혜사 성령님으로 온 세상의 하나님이 아니신 이스라엘 민족만의 하나님으로 능력과 활동 및 사역이 제한되고 말았을 것이다.

하나님의 말씀인 성경에서 하나님이 흙으로 사람을 만들었다고 말씀하셨고, 각종 들짐승과 수목(樹木)과 천지, 우주만물들을 말씀으로 창조하셨다고 증거하고 있다.

[히브리서 11장]

3절 믿음으로 모든 세계가 하나님의 말씀으로 지어진 줄을 우리가 아나니 보이는 것은 나타난 것으로 말미암아 된 것이 아니니라

필자가 거듭나는 구원을 받고 얼마 안 되어서 있었던 간증이다. 노동조합 관련 총회를 마치고 뒤풀이로 직장과 가까운 고깃집 식당에서 밥과 고기와 술을 곁들인 회식을 하였다. 한참 동안 밥과 안주를 먹고 술을 주거니 받거니 하며 이야기를 나누고 있는데, '여호와의 증인 교회'를 다니는 여동생을 둔 오빠인 직장 동료가 내 이름을 부르며 질문을 하는 것이었다.

"대식아! 너 교회 다니지?"

응, 하고 대답을 하였더니, "너 그럼 천국과 지옥이 있는 걸 믿냐? 그러면 천국과 지옥이 있다는 증거를 대 봐" 하며, 자리와 분위기에 맞지 않는 질문을 느닷없이 하는 것이었다.

순간 나는 당황하였다.

천국과 지옥? 성경에서 수없이 읽고 봐서 잘 안다고 생각하고 말은 많이 들었는데, 증거를 대 보라는 질문에 순간 당황하면서 어떻게 대답을 해야 할지 잠깐 동안 막막하였다.

그리고 아주 짧은 찰나를 고민하다가 내가 그 질문한 직장동료에게, "그럼 형은 천국과 지옥이 없다는 증거를 대 봐!" 하고 역질문을 했더니 없다고 대답을 하는 것이었다.

그래서 내가 재차 질문하기를 그럼 죽어 봐서 천국과 지옥이 없는 거 확인해 봤냐고 하면서 없다고 대답하는 것도 아는 거라고 했더니, 확인은 못 했다고 했다.

이어 말을 돌려 모른다고 얼버무리면서, 그럼 너는 천국과 지옥이 있는지 없는지 어떻게 아냐고 재차 질문을 해 오는 것이었다.

지금 그 순간을 돌이켜 보면 하나님이 지혜를 주셨다고 믿는다.

[요한복음 14장]

26절 보혜사 곧 아버지께서 내 이름으로 보내실 성령 그가 너희에
    게 모든 것을 가르치고 내가 너희에게 말한 모든 것을 생각
    나게 하리라

순간 나는 생각나는 대로 담대하게 대답하기를, 성경에 예수님이
천국과 지옥이 있다고 분명히 말씀하셨고, 나는 하나님의 말씀을 믿
기 때문에 죽어 보지 않고도 믿음으로 안다고 담대히 말하였다.

즉 성경에 기록된 하나님의 말씀이 증거라고 대답을 하니 말꼬리
잡고 늘어지기 좋아하던 그 형이 더 이상 묻지 않아서 대화는 거기에
서 중단되었다.

[마가복음 9장]

47절 만일 네 눈이 범죄하게 하거든 빼버리라 한 눈으로 하나님의
    나라에 들어가는 것이 두 눈을 가지고 지옥에 던져지는 것보
    다 나으니라

그렇다. 히브리서 11장 3절 말씀에서 우리 그리스도인은 우주만
물이 하나님의 말씀으로 창조되었다는 것을 믿음으로 알 수 있고, 마
가복음 9장 47절 말씀에서처럼 천국과 지옥이 있다고 예수님이 말
씀하셨기 때문에 죽어 보지 않고 믿음으로 받아들여서 아는 것이다.
즉, 천국과 지옥이 있다는 증거는 예수님의 말씀이다.

남자가 먼저인가? 여자가 먼저인가? 닭이 먼저인가? 알이 먼저인

가? 세상에서는 남자가 먼저다 하면, 남자는 어디서 누구를 통해 태어났는데 하며, 여자가 먼저라고 한다.

그리고 닭이 먼저라고 하면, 알에서 닭이 부화하니까 알이 먼저라며 다람쥐 쳇바퀴 돌듯 하는 끝없는 논쟁을 이어 가며 답이 없다.

그러나 하나님의 말씀인 성경에는 정답이 있다.

[창세기 2장]

7절 여호와 하나님이 땅의 흙으로 사람을 지으시고 생기를 그 코에 불어 넣으시니 사람이 생령이 되니라

18절 여호와 하나님이 이르시되 사람이 혼자 사는 것이 좋지 아니하니 내가 그를 위하여 돕는 배필을 지으리라 하시니라

21절 여호와 하나님이 아담을 깊이 잠들게 하시니 잠들매 그가 그 갈빗대 하나를 취하고 살로 대신 채우시고

22절 여호와 하나님이 아담에게서 취하신 그 갈빗대 하나로 여자를 만드시고 그를 아담에게로 이끌어 오시니

23절 아담이 이르되 이는 내 뼈 중의 뼈요 살 중의 살이라 이것을 남자에게서 취하였은즉 여자라 부르리라 하니라

[디모데전서 2장]

13절 이는 아담이 먼저 지음을 받고 하와가 그 후며

이 말씀을 순서대로 나열하면, 하나님이 땅의 흙으로 여자를 먼저 만드신 것이 아니라, 남자인 아담을 먼저 만드셨다.

그리고 창세기 2장 23절에는 남자에게서 취하였은즉 여자라 부른다고 말씀하셨고, 디모데전서 2장 13절에서는 남자인 아담이 먼저이고 여자인 하와가 나중이라고 말씀하셨다.

[창세기 2장]
19절 여호와 하나님이 흙으로 각종 들짐승과 공중의 각종 새를 지으시고

상기 말씀처럼 하나님은 흙으로 각종 들짐승과 공중의 각종 새를 지으셨다고 말씀하셨지, 각종 알을 먼저 지으셨다고 말씀하지 않으셨다.

그리고 예수님을 믿지 않는 세상 사람들이 그리스도인들에게 대답하기 곤란한 질문을 하고 질문을 받은 그리스도인들이 우물쭈물하며 제때에 대답을 하지 못하면, 그들은 속으로 쾌재를 부르며 '거봐, 너 모르지' 하며 놀려먹는 것을, 그들은 아주 재미있고 기쁘게 생각한다.

세종대왕은 천국에 갔을까? 지옥에 갔을까?

이순신 장군은 천국에 갔을까? 지옥에 갔을까?

맥아더 장군은 천국에 갔을까? 지옥에 갔을까?

이런 질문을 세상의 누군가가 하는 것은, 자신들의 윤리와 도덕적인 기준과 이분들의 명성을 생각하면 틀림없이 천국에 갔을 것이란 믿음하에 위와 같이 곤란한 질문을 하는 거다.

필자는 이런 질문에 우리 사람들의 판단으로 천국에 갔을 것이다,

지옥에 갔을 것이다 답하지 않고 말씀을 제시하여 여러분들의 판단과 답을 유도하겠다.

일단 제일 단순하게 죄가 있는 죄인이면 지옥 가고, 죄가 없는 의인이면 천국 간다는 것은 누구나 다 알고 인정한다.

앞에 열거한 위인들만이 아니라 세상의 모든 사람들도 자신의 양심에서 일어나는 도덕과 윤리와 법을 위반하지 않고 완벽히 지켰다면, 예수님을 믿을 필요 없이 지옥에 가지 않고 천국에 가는 것이 당연하지 않겠는가?

[창세기 2장]
17절 선악을 알게 하는 나무의 열매는 먹지 말라 네가 먹는 날에는
　　　반드시 죽으리라 하시니라

[마태복음 8장]
22절 예수께서 이르시되 죽은 자들이 그들의 죽은 자들을 장사하
　　　게 하고 너는 나를 따르라 하시니라

'선악을 알게 하는 나무의 열매는 먹지 말라. 네가 먹는 날에는 반드시 죽는다'고 아담에게 경고하셨는데, 안타깝게도 아담은 선악과를 먹고 말았다.

마태복음 8장 22절의 말씀에서, "죽은 자들이 그들의 죽은 자"들에서 '죽은 자'들은, 육체로는 살아 있지만 아담 안에서 죽어서, 죄인으로 태어난 아담의 후손인 이 세상 모든 사람들이고, 그들의 죽은 자

들은, 육체가 먼저 죽어서 장사 지내 줘야 할 대상자들인 것이다.

[로마서 5장]
18절 그런즉 한 범죄로 많은 사람이 정죄에 이른 것 같이 한 의로
     운 행위로 말미암아 많은 사람이 의롭다 하심을 받아 생명에
     이르렀느니라
19절 한 사람이 순종하지 아니함으로 많은 사람이 죄인 된 것 같이
     한 사람이 순종하심으로 많은 사람이 의인이 되리라

필자는 앞에서 천국과 지옥이 있다고 전제를 하였고, 그 전제는
필자의 생각을 부인하고, 성경에 예수님이 천국과 지옥이 있다고 말
씀하셨기 때문에, 천국과 지옥이 있다는 것을 믿고 믿음하에 안다고
전제하였다.

천국에 갈 수 있는 방법은 두 가지 방법이 있다.

예수님의 십자가 보혈의 은혜를 믿어 천국에 가는 길이 있고, 다
른 방법으론, 예수님을 믿는 기독교를 제외한 세상의 모든 사람들과
종교들이 추구하는 방법이 있다.

기독교를 제외한 종교와 대다수 사람들 마음속에는 권선징악(勸
善懲惡)의 사상, 즉, 불쌍한 사람들을 도와 구제하고, 각종 각양 착한
일을 하며, 자신들이 믿는 종교 시설에 보시와 각종 헌금을 하고, 계
율과 법을 철저하게 잘 지켜 수행과 수양을 하는 등등의 방법으로,
천국이나 극락을 간다고 믿는 것이다.

그런데 대다수 종교에서 추구하는 방법이 아닌, 예수님의 십자가

보혈의 은혜를 믿고 하늘나라에 갈 수 있다고 믿는 기독교인들이 명심해야 할 것이 있다.

원죄는 예수님의 십자가 보혈로 사함받았지만, 자범죄는 잘못했다고 용서해 달라는 회개기도를 해야 죄가 씻어진다고, 잘못 알고 믿는 그리스도인들이 많다.

그래서 구원받은 의인의 믿음이 아니라, 구원받은 죄인이란 생각에서 벗어나지 못하는 사람들은, 구원받지 못한 죄인이기 때문에 천국이 아니라 지옥에 간다는 사실을 꼭 잊지 말고 명심하기 바란다.

기독교인이 불쌍한 사람들을 도와 구제하고, 보시와 각종 헌금 등을 잘하며, 계율과 계명 및 율법을 잘 지키는 수행과 수양을 하는 등의 방법으로 천국이나 극락을 간다고 믿는다면, 기독교를 제외한 타종교의 사람들과 다를 바가 무엇인가?

쉽게 말해 예수님의 십자가 보혈의 은혜를 믿음으로 지옥에 안 가고 천국에 갈 것인지, 아니면 내가 내 양심과 법에 어긋나는 생각이나 행동을 하지 않고, 율법과 계명을 철저하게 잘 지켜서 예수님 필요 없이 지옥에 안 가고 천국을 갈 것인지 선택하면 된다.

특히 내가 양심과 법에 어긋나는 생각이나 행동을 하지 않고 천국에 갈 자신 있는 사람은 굳이 예수님을 안 믿어도 되고, 종교를 가질 필요도 없을 것이다.

[고린도전서 15장]

42절 죽은 자의 부활도 그와 같으니 썩을 것으로 심고 썩지 아니할 것으로 다시 살아나며

43절 육의 몸으로 심고 신령한 몸으로 다시 살아나나니 육의 몸이
    있은즉 또 영의 몸도 있느니라

하나님의 말씀은, 예수님의 십자가 보혈의 은혜를 믿어서 죄를 깨
끗이 씻음받고 거듭나야 신령한 몸으로 천국에 갈 수 있다고 성경에
말씀하셨다.

하나님의 이 말씀은 지옥에 가는 영의 몸의 부활과, 천국에 갈 수
있는 영의 몸의 부활이 있다고 말씀하셨다.

그리고 내 생각을 안 믿고 예수님이 십자가에서 이루어 주신 성령
세례의 은혜를 믿어야, 썩을 육체가 죽은 다음 신령한 몸으로 부활하
여 하늘나라에 갈 수 있다고 말씀하셨고, 하나님의 이 말씀이 증거다.

18.
교회와 하나님 나라

진정한 교회와 하나님 나라는 화려한 건물이 아니라

거듭난 형제자매들이 모인 모임이다.

나라나 국가를 구성하는 3대 요소로는 국민인 사람과 영토와 주권이라는 기본적인 조건이 구비되어야 한다.

국민과 영토가 있어도 타국의 식민지배를 받는 주권을 상실한 국가라면 식민지(植民地)라고 하지 주권국가라 하지 않는다.

사람들은 이 지구상에 있는 나라들, 세상 나라들에 관해서는 이처럼 대부분 잘 알고 있다.

그럼 성경에서와 교회 지도자 및 그리스도인들이 말하는 하늘나라, 하나님의 나라는 어디에 존재하고 있을까?

기독교인들은 일단, 하나님의 나라는 천국과 지옥 중 거듭나는 구원을 받아, 우리 영혼이 가는 천국이라는 것은 다 알고 있다.

[누가복음 16장]

23절 그가 음부에서 고통 중에 눈을 들어 멀리 아브라함과 그의
　　　품에 있는 나사로를 보고

28절 내 형제 다섯이 있으니 그들에게 증언하게 하여 이 고통 받
　　　는 곳에 오지 않게 하소서

예수님이 예화로 하신 말씀인데, 사람들이 알아듣고 이해하기 쉽게 아브라함의 품인 천국에 있는 거지 나사로와, 음부인 지옥에서 고통받는 부자의 이야기를 통해 하늘나라와 지옥을 비유로 말씀하셨다.

요즘엔 인터넷을 기반으로 한 YouTube와 각종 영상매체를 통해 천국과 지옥을 갔다 왔다는 사람들의 영상물이 꽤 있다.

[누가복음 16장]

30절 이르되 그렇지 아니하니이다 아버지 아브라함이여 만일 죽
은 자에게서 그들에게 가는 자가 있으면 회개하리이다

[마가복음 13장]

26절 그 때에 인자가 구름을 타고 큰 권능과 영광으로 오는 것을
사람들이 보리라

32절 그러나 그날과 그 때는 아무도 모르나니 하늘에 있는 천사들
도 아들도 모르고 아버지만 아시느니라

성경의 하나님 말씀은 한 번 죽어서 음부인 지옥이나 천국에 간
영혼들은 다시 이 세상으로 오지 못한다는 거다.

그리고 어떤 사람들이 성령의 음성을 들었는데 재림예수님이 모
년 모월 모시에 오신다는 계시를 들었다고 하거나, 자신이 재림예수
라고 하는 황당한 말을 한 것을 들은 적이 있다.

그러나 예수님의 말씀은 예수님이 재림하시는 그날과 그때는 하
나님 외에 아무도 모른다고 말씀하셨다.

일단 강조하고 싶은 것은 예수님의 말씀에 천국과 지옥이라는 죽
음 이후 가는 사후세계가 분명히 있다는 것이다.

그리고 한번 육체를 떠난 영혼은 다시 이 세상으로 오지 못한다는
거다.

[요한계시록 21장]

1절 또 내가 새 하늘과 새 땅을 보니 처음 하늘과 처음 땅이 없어졌고 바다도 다시 있지 않더라

2절 또 내가 보매 거룩한 성 새 예루살렘이 하나님께로부터 하늘에서 내려오니 그 준비한 것이 신부가 남편을 위하여 단장한 것 같더라

예수님의 열두 제자 중 한 명인 사도 요한이 밧모섬에 있을 때 하나님이 현재의 일과 미래에 있을 여러 가지 일들을 알 수 있도록 환상을 통해 요한에게 계시하여 알게 해 주셨다.

[고린도전서 15장]

15절 만일 그리스도 안에서 우리가 바라는 것이 다만 이 세상의 삶 뿐이면 모든 사람 가운데 우리가 더욱 불쌍한 자이리라

믿지 않는 사람들의 말처럼 죽음 이후 신령한 몸을 입는 부활과 지옥에서 영원한 벌을 받는 몸의 부활이 없고, 이 세상 삶이 전부라면 하나님은 사기꾼이고 믿는 그리스도인들은 이용만 당하는 가장 어리석고 불쌍한 사람들일 것이다.

그래서 하나님과 예수님은 우리 그리스도인들이 사탄에게 속지 않고 소망의 삶을 살 수 있게 선지자들과 사도 요한을 통해 새 하늘과 새 땅에 대한 소망의 말씀을 주셨다.

이처럼 하나님은 죽음 이후 부활해서 가는 사후 세계인 새 하늘과 새 땅인 하늘나라가 있다고 말씀으로 증거하셨다.

지금까지는 육체의 죽음 이후 신령한 몸으로 부활해서 가는 하늘 나라에 관해 하나님의 말씀을 근거로 살펴보았다.

이제부터는 우리가 살고 있는 이 세상에서 하나님의 나라가 어떻 게 실재하고 있으며, 하늘나라를 확인할 수 있는지 말씀을 증거로 확 인해 보도록 한다.

[마태복음 16장]
18절 또 내가 네게 이르노니 너는 베드로라 내가 이 반석 위에 내
　　교회를 세우리니 음부의 권세가 이기지 못하리라

본문 첫 부분에서 이 세상 국가를 구성하는 기본 요소로 국민과 영토와 주권이 갖추어져야 된다고 하였다.

필자는 거듭나서 구원받은 그리스도인들이 모인 교회를, 이 세상 주재 하늘나라이고 하늘나라 대사관이라고 말하겠다.

예를 들어 대한민국 서울에 주재하고 있는 미국 대사관이 있는 공 간과 중국 대사관이 있는 공간은 치외법권지대로 대한민국의 주권 이 영향을 미치지 못하는 공간이다.

각국 대사관이 주재하는 대사관은 주재국의 주권이 영향을 미치 지 못하는 치외법권지대인 것처럼, 거듭나서 구원받은 그리스도인 들이 국민인 교회는, 음부의 권세가 영향을 못 미치는 이 '세상주재 천국대사관'이고 음부 치외법권지대와 같다고 예수님이 선언하셨다.

[마가복음 4장]

30절 또 이르시되 우리가 하나님의 나라를 어떻게 비유하며 또 무슨 비유로 나타낼까

31절 겨자씨 한 알과 같으니 땅에 심길 때에는 땅위의 모든 씨보다 작은 것이로되

32절 심긴 후에는 자라서 모든 풀보다 커지며 큰 가지를 내나니 공중의 새들이 그 그늘에 깃들일 만큼 되느니라

겨자씨 한 알과 같은 말씀을 전도하여 땅 같은 사람들 마음에 심고, 거듭나서 구원받은 그리스도인들이 모여 교회를 이루고 확장되어, 영혼의 안식처로 하나님의 나라가 이루어지는 것이다. 이 세상에 있는 교회는 거듭난 그리스도인들이 국민이 되고, 영토인 교회와 하나님의 주권인 권능이 임재하고 있어서 나라의 기본인 구성 3요소를 완벽히 갖추었다.

외국인이라도 귀화를 해서 대한민국 국민이 되면, 대한민국이라는 국가의 보호를 받듯이, 죄인이었던 영적 이방인이 예수님의 십자가 은혜로 거듭나서 하나님 나라 국민이 되면 하나님의 보호와 인도를 받는 게 당연하다.

이제 우리 그리스도인들은 교회를 가볍게 생각하지 말자.

교회는 하나님의 권능이 성령으로 임재해 계신 하나님의 나라이며, 하나님의 성령이 권능으로 힘 있게 역사되는 하나님의 세계다.

19.

예루살렘 성전과 통곡의 벽

유태인들이 예루살렘 성전을 회복하면 소와 양을 제물로 드리는
제사를 드릴 것이고, 이는 예수님의 십자가 은혜를 모독하는 죄가 된다.
그래서 하나님은 예루살렘 성전을 유태인에게 회복시켜 주지 않는 것이다.

[출애굽기 25장]

8절 내가 그들 중에 거할 성소를 그들이 나를 위하여 짓되

9절 무릇 내가 네게 보이는 모양대로 장막을 짓고 기구들도 그 모양을 따라 지을지니라

예루살렘 성전의 첫 출발은 이스라엘 민족의 출애굽 여정기간 중 하나님이 시내산에서 모세에게 성소인 장막의 모양과 성전 안에서 쓰이는 기구들의 모양을 계시로 보여 주셨다.

그리고 모세로부터 성전의 모양과 기구들의 모양을 전해 듣고 하나님의 신에 감동한 브살렐과 오홀리압과 함께한 사람들에 의해 성소와 이동식 성전이 완성되었다.

이후 성소는 이스라엘 민족이 이동할 때, 하나님이 정하여 주신 규례에 따라 수레가 아닌 사람인, 레위족속 남자들이 어깨에 메고 이동을 했다.

그리고 이스라엘 민족이 가나안 땅에 정착한 이후, 이스라엘의 믿음의 왕이며 통일의 왕인 다윗왕 때에 성전 공사에 쓰일 재료와 기구들이 준비되었다.

기원전 10세기경 다윗왕의 뒤를 이은 솔로몬왕 치세 때 첫 번째 성전이 건축되었고, 기원전 587년경 예루살렘 공방전에서 바벨론제국 느부갓네살왕의 시위대장 느부사라단에 의해 파괴되었다.

그리고 약 1세기 후 바사제국 고레스왕 때, 이스라엘 민족의 대제사장의 후손이며 학사인 에스라가 고레스왕의 칙령을 받고 함께한 사람들과 다리오왕 때 두 번째 성전을 건축했다.

이후 이스라엘 민족의 마음을 얻고자 한 헤롯왕에 의해 재건축이 이루어졌고, 이를 제2성전이라고 하며, 일명 헤롯성전이라고도 불렸다.

예수님 강림 이후 AD 70년 유태인은 로마로부터 독립하고자 독립 전쟁을 하였고, 로마제국에 의해 독립전쟁이 진압될 때에 제2성전이 철저하게 파괴되었다.

[마태복음 24장]
1절 예수께서 성전에서 나와서 가실 때에 제자들이 성전 건물들을 가리켜 보이려고 나아오니
2절 대답하여 이르시되 너희가 이 모든 것을 보지 못하느냐 내가 진실로 너희에게 이르노니 돌 하나도 돌 위에 남지 않고 무너뜨려지리라

예수님이 예언하신 대로 성전이 파괴된 것이다. 그리고 성전의 흔적으로 서쪽 벽이 남아 있고, 성전 바깥의 벽이 아직도 남아서 성전터였음을 증거하고 있다.

통곡의 벽이라고 불리는 서쪽 벽은 유태인들에겐 통한(痛恨)의 장소이다. 벽 안쪽에 있는, 지금은 이슬람 사원인 바위의 돔이 있는 성전 터를 회복하고 성소에서 여호와 하나님께 제사 드리는 게 이스라엘 민족의 숙원(宿願)사업이다.

[마태복음 27장]
50절 예수께서 다시 크게 소리 지르시고 영혼이 떠나시니라

51절 이에 성소 휘장이 위로부터 아래까지 찢어져 둘이 되고 땅이
    진동하며 바위가 터지고

[히브리서 10장]
9절 그 후에 말씀하시기를 보시옵소서 내가 하나님의 뜻을 행하러
    왔나이다 그 첫째 것을 폐하심은 둘째 것을 세우려 하심이라

하나님의 뜻에 순종하여 십자가에서 세상 모든 죄를 대속하는 성
령세례로 예수님의 영혼이 떠났을 때 성전에 있는 성소 휘장이 위로
부터 아래까지 찢어져 둘이 되었다.

성소의 휘장이 찢어져 둘이 되었다는 것은, 양의 피나 염소의 피
로 드리는 희생제사가 더 이상 필요하지 않다는 것이다.

[히브리서 10장]
10절 이 뜻을 따라 예수 그리스도의 몸을 단번에 드리심으로 말미
    암아 우리가 거룩함을 얻었노라

양의 피나 염소의 피로 섬기는 제사는, 제사 드리는 때까지의 죄
만 없게 하기 때문에, 또 죄를 범하면 새로운 짐승 제물로 같은 제사
를 반복해서 드려야 해서 늘 죄인이었다.

이 악순환을 단번에 끝낸 것이 예수님이 십자가 보혈로 이루어 주
신 성령세례의 은혜이다.

그래서 양의 피나 염소의 피로 드려지는 희생제사가 더 이상 필요

하지 않고 폐해진 증거로, 성소의 휘장이 위에서 아래로 찢어져 둘이 된 것이다.

그런데 이 사실을 모르고 예수님의 십자가 보혈의 은혜를 거부하는 이스라엘 민족은 성전을 회복해 달라고 통곡의 벽에서 하나님께 기도하고 있는 것이다.

이스라엘 민족이 성전을 회복하면 제일 먼저 무엇을 하겠는가?

그것은 보지 않고 겪어 보지 않아도 알 수 있다.

소 잡고 양 잡아서 제사 드리는, 그래서 예수 그리스도의 십자가 보혈의 은혜를 부정하는 대적 행위를 할 것이다.

그래서 하나님은 절대로 이스라엘 민족에게 성전 회복을 허락하지 않으신다.

20.
사람인 나와 몸

다른 사람의 장기를 이식받으면 이식받은 다른 사람의 신체 일부를

내 몸이라 주장할 수 있을까?

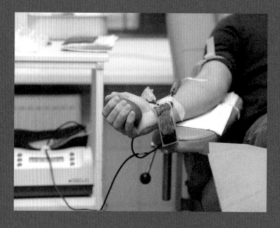

다른 사람의 피를 수혈받아 내 몸의 피와 뒤섞이면 그 피는 누구의 피일까?

사람들은 대부분 육체라는 몸이 나라고 생각한다.

생각할 필요도 없이 너무나 당연한 거 아닌가 하며 살아온 독자들에겐 '그럼 아닌가?' 하며 의문이 들 것이다.

다음의 사례들을 읽으면 몸에 대한 고정관념이 바뀔 것이라고 감히 추측해 본다.

잇몸의 부실로 치아가 빠지거나 치아가 부러지거나 깨졌을 때 이를 대신한 인공 치아 보철물을 비롯하여, 인공 관절과, 뼈가 골절되었을 때 뼈의 접합을 도와주는 금속판 등이 우리 몸의 일부가 되어 살아가고 있다.

헌혈로 다른 사람에게 피를 주고 다른 사람의 피를 수혈받는 것에 대한 거부감이나 이질감은 둔해졌고, 심지어는 의료기술의 발달로, 다른 사람의 신체 일부인 장기를 이식받아서 내 몸처럼 활용하며 살아가고 있다.

인공 치아보철물(임플란트 포함)이나, 인공관절을 몸 안에 삽입해서 내 몸처럼 활용하며 살아가는 사람들은, 엄밀히 말하면 인공 치아보철물이나 인공관절은 내 몸이 아니다.

다른 사람의 피를 수혈받거나, 다른 사람의 피부와 장기 등 신체 일부를 이식받아 살아가는 사람들도, 엄밀히 말하면 수혈 받은 피와 이식받은 신체는 내 몸이나 내가 아니다.

치아보철물과 인공관절과 다른 사람의 피를 수혈받고, 다른 사람의 장기를 이식받은 사람에게 누가, "당신의 몸은 어떤 겁니까?" 하고 물어 온다면 대답하기를, "치아보철물과 인공관절과 수혈받은 피 몇 cc와 이식받은 콩팥은 내 몸이 아닙니다" 해야 할 것이다. 이 대답이 맞는 말 아닌가?

'내 몸'은, '나'와 '몸'이라는 두 단어가 결합된 합성어이다.

생각 없이 쓰던 말인데, 조금 더 깊이 생각해 보니 몸이 내가 아니라는 것을 알았고 확인하는 계기가 되었다.

[창세기 2장]

7절 여호와 하나님이 땅의 흙으로 사람을 지으시고 생기를 그 코에 불어 넣으시니 사람이 생령이 되니라

(아담은 히브리어로 사람과 남자를 뜻하는 대명사(代名詞)다)

보이지 않지만 마음과 의식으로 존재하는 내가 분명히 있고, 그 존재가 사람(아담)이며, 각자인 나는 사람이기 때문에, 각 자의 영혼을 가진 사람이 몸의 주인이라고 필자는 생각한다.

보이지 않으면서 영혼으로 존재하는 내가 몸의 주인이고, 몸은 나인 영혼이 살고 있는 집과 같은 것이다.

몸은, 내 자동차, 내 집, 내 가방과 같은 소유물과 같다. 자동차가 고장 나면 수리하듯이 몸이 아프면 약 먹여 주고, 치료해 주며, 관리해 준다.

[고린도전서 15장]

38절 하나님이 그 뜻대로 그에게 형체를 주시되 각 종자에게 그 형체를 주시느니라

39절 육체는 다 같은 육체가 아니니 하나는 사람의 육체요 하나는

짐승의 육체요 하나는 새의 육체요 하나는 물고기의 육체라

밥 담으면 밥그릇이고, 물 담으면 물그릇이고, 술 담으면 술통, 술병, 술그릇이 되는 거다. 사람은 겉으로 볼 때 동물들과 육체의 모양은 다르지만, 짐승과 새와 물고기와 같이 육체가 있다. 이렇게 육체의 모양은 다르지만 하나님의 생령을 코로 부음받은 육체는 사람밖에 없다.

육체의 진화만 주장하는 진화론자들은 사람만이 하나님과 교류하며 대화할 수 있다는 것을 모른다.

증거로 여호와 하나님을 믿지 않으며, 세상 문화와 담을 쌓고 사는 사람들일지라도 신을 찾는 종교가 있다는 것이 짐승과 다른 대표적 특성이다.

짐승은 숨이 끊어지면, 몸이 죽음으로 끝난다.

사람의 말에는 유래와 보이지 않는 영적 의미를 담고 있다.

짐승과 달리 사람은 몸이 죽었다 해서 끝나는 게 아니다.

사람이 죽으면 돌아가셨다, 소천하셨다, 열반에 드셨다 등 이 세상이 아닌 다른 곳으로 갔다고 한다.

사람의 몸이 죽으면, 몸은 흙에서 왔으니 흙으로 가고, 영혼은 썩어질 육의 몸을 버리고 영생의 몸과 영벌의 몸으로 부활한다.

21.
하나님과 거듭난 그리스도인의 족보

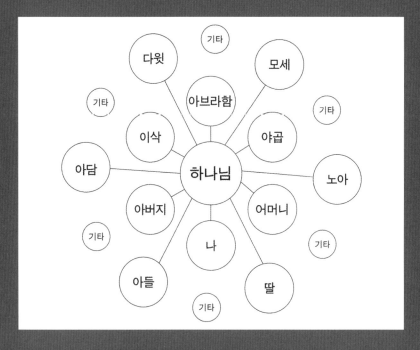

나는 아브라함의 하나님이요 이삭의 하나님이요 야곱의 하나님이로라

하신 것을 읽어 보지 못하였느냐. 하나님은 죽은 자의 하나님이 아니요

산 자의 하나님이라 하시니.(개역한글성경 마태복음 22장 32절)

아브라함과 이삭과 야곱의 하나님이란, 사람의 족보와 같이 위에서부터

밑으로 내려오는 순서가 아니라, 각자가 하나님과

일대일의 부자녀(爻子女)지간의 관계다.

우리 인간의 족보는 아버지, 할아버지, 증조할아버지, 고조할아버지를 조상으로 해서 시조할아버지까지 거슬러 올라가고, 한민족에 역사적 뿌리를 두고 있는 우리 대한민국의 경우 단군왕검을 시조(始祖)라고 생각하는 사람들과 종교들도 있다.

기독교계에선 당연히 아담이 인류의 시조(始祖)라고 믿는다.

교회에 처음 가면 당황스러운 단어들을 듣게 된다. 형제님, 자매님과 연세가 높은 분들한테는 부친님과 모친님이라고 호칭을 한다.

그런데 이렇게 교회에서 사용하는 호칭에 대한 상식 없이 일방적으로 형제님, 자매님 소리를 듣다 보면, 내가 저 사람과 피 한 방울 섞인 게 없는데, 어떻게 형제자매와 부친님과 모친님이 되는가 하며 족보와 호칭에 대한 혼란을 느낄 것이다.

[마가복음 12장]

26절 죽은 자가 살아난다는 것을 말할진대 너희가 모세의 책 중 가시나무 떨기에 관한 글에 하나님께서 모세에게 이르시되 나는 아브라함의 하나님이요 이삭의 하나님이요 야곱의 하나님이로라 하신 말씀을 읽어보지 못하였느냐

27절 하나님은 죽은 자의 하나님이 아니요 산 자의 하나님이시라 너희가 크게 오해하였도다 하시니라

우리 사람의 족보는 나로 시작하여 위로 올라가서 시조할아버지까지, 자손이 많은 집안의 경우 삼각형 계단을 올라가듯이 단계적으로 올라간다.

교회에 가서 형제자매와 부친 및 모친을 사람의 족보대로 생각하고 거슬러 올라가면 대혼란이 일어난다.

어떤 사람이 육신의 아버지, 어머니보다 먼저 구원을 받아 하나님의 아들이 됐다. 그리고 아버지 어머니가 나중에 아들보다 늦게 구원을 받았다고 하자. 사람들의 족보 서열대로 하면 늦게 구원받은 아버지나 어머니가 먼저 구원받은 아들에게 형이나 오빠라고 불러야 하는 황당한 상황이 발생할 수 있다.

우리가 예수 그리스도의 성령세례로 받은 거듭나는 구원은, 믿음의 조상 아브라함과 아들 이삭과 손자 야곱에게 차별 없이 하나님과 일대일의 관계로 받은 구원이다.

사람의 족보 서열대로 하면 아브라함이 야곱의 할아버지이고 이삭의 아버지이지만, 하나님 안에선 예수 그리스도의 성령세례를 동일하게 믿어 일대일의 관계로 받아 구원받았기 때문에 똑같은 형제이다.

그리고 수천 년이 지난 지금, 아브라함과 이삭과 야곱과 같이 동일한 믿음의 유전자, 예수 그리스도가 이루어 주신 성령세례를 믿음으로 받아 거듭나는 구원을 받았다면, 그리스도인들은 시간과 공간을 초월하여 예수님 안에서 모두가 다 형제자매가 되는 것이다.

아브라함의 하나님, 이삭의 하나님, 야곱의 하나님을 쉽게 부르면, 아브라함의 하나님 아버지, 이삭의 할아버지 하나님이 아니라, 그냥 이삭의 하나님 아버지이고, 야곱의 증조할아버지 하나님이 아니라, 그냥 야곱의 하나님 아버지다.

그리고 동일한 믿음의 유전자인, 예수 그리스도의 피와 살로 이루어진 성령세례를 믿음으로 물려받아서 거듭난 그리스도인들 각자도, 하나님이 각자의 하나님 아버지다.

때문에 믿음의 조상 아브라함 이전의 아담과 노아와 모세 등등과 함께 아브라함 이후 미래에 구원받을 사람들까지 전부가 다 예수님 안에서 똑같은 형제자매가 되는 거다.

어떻게?

한 분 하나님이신 예수그리스도의 피와 살을 믿음으로 물려받아 거듭난, 구원받은 한 핏줄, 한 혈통이기 때문이다.

하나님은 죽은 자의 하나님이 아니고 산 자의 하나님이라고 말씀하셨다.

죽은 자는 첫 사람 아담으로 말미암아 죄인으로 이 세상에 태어나 거듭나지 못하여 구원받지 못한 사람들이다.

그리고 구원받은 죄인이라서 회개기도를 하여 자범죄를 용서받아야 된다는 양심 있는 입바른 소리를 하는 사람들도, 하나님 보실 때 죄인이라 하나님과 관계가 없다.

산 자의 하나님이란 예수 그리스도의 보혈의 은혜로 거듭나서 구원받은 사람들의 하나님이라는 것이다.

아담, 가인, 아벨, 노아, 모세, 아브라함, 이삭, 야곱, 다윗 등등… 이들은 모두가 다 지금 우리가 믿는 예수 그리스도의 보혈의 은혜로 거듭난 산 자들인 것이다.

[히브리서 11장]

13절 이 사람들은 다 믿음을 따라 죽었으며 약속을 받지 못하였으

예수님이 이 땅에 강림하시고 골고다 언덕 십자가에서 살 찢기고
피 흘려 이루신 성령세례로 우리의 구원을 이루시기 전에 과거 사람
들도, 지금 우리와 동일한 믿음으로 거듭나 구원받았다는 것이다.

시간계로 따지면 지금 우리들은 과거에 예수님이 십자가에서 이
루어 놓으신 은혜를 믿음으로써 구원받은 거다.

반대로 예수님이 이 땅에 강림하시기 전의 과거 사람들은, 미래에
예수님이 십자가에서 이루어 놓으실 은혜를 하나님이 계시로 알게
하여 믿음으로 구원을 받은 거다.

그래서 거듭나서 받는 구원은 시간과 공간을 뛰어넘는 은혜이고,
이 은혜로 거듭나서 구원받은 사람들이 산 자이고, 하나님은 이들 산
자의 하나님이시며, 각자의 아버지이시다.

22.

사람은 재림 예수가 될 수 없다

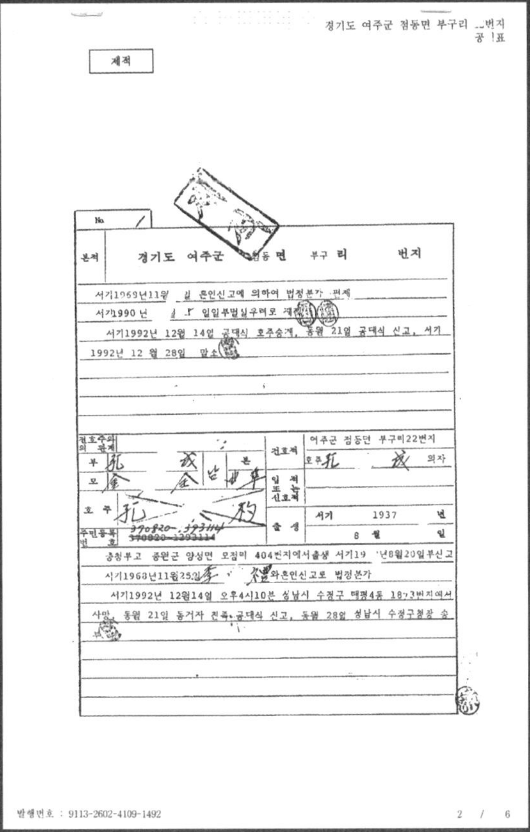

경기도 여주군 점동면 부구리 ..번지
공 !표

제적

No. /

본적 경기도 여주군 점동면 부구리 번지

서기1969년11월 일 혼인신고에 의하여 법정분가 편제

서기1990년 일 일부멸실우려로 재제

서기1992년 12월 14일 공대식 호주승계, 동월 21일 공대식 신고, 서기 1992년 12월 28일 말소

전호주와의 관계		전호적	여주군 점동면 부구리22번지 호주孔 成 의자
부	孔 成	본	
모	金		
호주	孔	입적 또는 신호적	
주민등록번호	370820-1293114	출생	서기 1937 년 8 월 일

충청북도 중원군 양성면 모점리 404번지에서출생 서기19 년8월20일부신고

서기1963년11월25일 와혼인신고로 법정분가

서기1992년 12월14일 오후4시10분 성남시 수정구 태평4동 1873번지에서 사망, 동월 21일 동거자 친족 공대식 신고, 동월 28일 성남시 수정구청장 송부

발행번호 : 9113-2602-4109-1492

2 / 6

육신의 아버지와 어머니가 있고 생일과 제삿날이 있는 사람은 재림예수가 될 수 없다.

종교의 자유를 보장하고 있는 우리나라는 다른 종교는 논외로 하고 기독교만 보더라도 수많은 교단과 교파가 있다.

종교의 자유뿐만 아니라 사상의 자유, 생각의 자유까지 헌법으로 보장하고 있으니 필자는 이렇게 좋은 우리나라에서 태어난 걸 복이라고 생각한다.

그리고 어떤 사람들은 이단들이 우후죽순처럼 생겨나고 많으니까 자신들이 속한 대형교단 하나로 통합되어야 한다고 주장한다.

이런 사람들은 선악과를 먹어서 만들어진 옳음으로, 자신들만의 교단과 교리가 정통이고 옳다고 생각하기 때문에 국가의 공권력을 이용해서라도 이단들을 쓸어버려야 한다고 생각하는 무서운 예비 종교 독재자들이다.

다양한 교파와 교리가 생겼다가 없어지는 과정 속에서 부작용도 있겠지만, 부정부패와 비리 등의 자연적인 쇠퇴와 함께 긍정적인 작용으로 기독교는 더 나은 방향으로 변화하며, 발전할 거다.

특정 종교를 국교로 하거나, 비공식적이긴 하지만 특정 종교를 국교화하다시피 하는 나라들을 보자. 이들 나라들에서는 특정 종교 중에서도 특정 교파가 실권을 잡고 있기 때문에 다른 예배 방식이나, 다른 교리와 다른 해석들은 자리 잡을 수가 없고 오히려 탄압을 받는다. 중동 국가들에서 이슬람교의 시아파와 수니파가 대표적 예다.

그럼 특정 종교의 특정 교파만 정통으로 인정하면 종교의 독재화가 우려돼서 신생종교와 신생교파의 설립과 난립을 방치하는 게 옳은가?

우리나라의 경우 헌법에서 종교의 자유와 사상의 자유를 보장하고 있으니까 어떤 방식으로 경전을 해석하며 누가 뭐를 어떻게 믿든 개입하면 안 된다고 본다.

어떻게 믿고 어떻게 해석을 하건 이는 각자의 자유다.

기독교에 한정하여 자신들의 교파와 교리가 정통이라고 자부심을 갖고 자긍심을 갖는다면, 이단에 대한 걱정은 할 필요가 없을 것이다.

갓 입교한 신자들이 이단이나 사이비에 빠질까 걱정된다면 하나님의 말씀인 성경을 정확히 잘 가르치면 된다. 성경을 읽지 않고 배우지 않으며 가르치지 않아서 성경을 정확히 모르니까 이단과 사이비에 넘어가는 것이다.

[출애굽기 3장]

14절 하나님이 모세에게 이르시되 나는 스스로 있는 자이니라 또 이르시되 너는 이스라엘 자손에게 이같이 이르기를 스스로 있는 자가 나를 너희에게 보내셨다 하라

[요한계시록 1장]

8절 주 하나님이 이르시되 나는 알파와 오메가라 이제도 있고 전에도 있었고 장차 올 자요 전능한 자라 하시더라

말씀에서 하나님은 처음도 없고 끝도 없고 동일해서, 알파와 오메가인 하나님을 스스로 계시는 분이라고 증거하셨다.

[히브리서 7장]

3절 아버지도 없고 어머니도 없고 족보도 없고 시작한 날도 없고
　　　생명의 끝도 없어 하나님의 아들과 닮아서 항상 제사장으로
　　　있느니라

　부모도 없고 족보도 없고 태어난 날과 죽음도 없는 영원한 대제사장인 멜기세덱은 하나님의 아들 예수님의 그림자라고 말씀이 증거한다.

　예수님은 보이지 않는 하나님이 육신이라는 몸을 입고 이 땅에 강림하셔서 보이는 하나님으로 오신 분이다.

　그래서 예수님은 본체가 하나님이시고, 스스로 계시는 분이기 때문에 부모와 족보가 있을 수 없고, 태어난 날과 죽음이 있을 수가 없는 것이다.

　그런데 과거로부터 현재에 이르기까지 자기가 재림 예수라고 하는 사람들이 나타났고, 나타나 있으며, 나타날 것이다.

　재림 예수에서 재림을 빼면 쉽게 말해 예수님이고, 자신이 하나님이신 예수님이라는 것이다.

　이 얼마나 황당하고 말도 안 되는 말인가?

　그러나 일부 사람들 중에 성경을 읽지 않고 성경에 대하여 무지하고 무식하니까 속아 넘어가고 이용당하고 있다.

　자칭 재림 예수라고 말한 교주나 사람들을 인터넷으로 검색해 보면 태어난 날짜와 죽은 날짜가 기록되어 있고, 출생지와 부모 이름 및 형제자매 관계까지도 알 수 있다.

　이외에 학력과 사망의 원인과 경위까지도 알 수 있다.

우리가 조금만 생각해 보고 확인해 보면 알 수 있는데, 말도 안 되는 재림예수 사기에 놀아나고 속는다는 게 말이 되는가?

또 여기에 한술 더 떠서 특정한 여인을 하늘 어머니라고 하여 사람을 신격화하고, 여호와 하나님을 사람인 하늘 어머니의 남편으로 격하하는 신성모독죄까지도 서슴없이 범하는 교회와 교단이 있다.

[요한복음 3장]
3절 예수께서 대답하여 이르시되 진실로 진실로 네게 이르노니 사람이 거듭나지 아니하면 하나님의 나라를 볼 수 없느니라

사람이 거듭나지 아니하면 하나님의 나라를 볼 수 없다는 것은 죽음 이후 하나님의 나라를 갈 수 없다고 좁게만 해석하거나 이해하면 안 된다.

하나님의 나라는 하나님의 세계다.

하나님의 마음과 세계를 알고 이해하려면 거듭나야 한다.

거듭나서 성경을 읽고 기도하며 묵상하다 보면, 성령님이 말씀을 풀어 해석해 주시며, 하나님의 마음과 세계를 알아 가게 해 주신다.

이렇게 거듭나서 정확한 말씀으로 무장하고 하나님의 마음과 세계를 알면, 이런 사람들은 절대로 사이비, 이단에 빠지지 않는다.

그리고 육신의 아버지와 어머니와 생일과 제삿날이 있는 사람은 절대로 재림 예수가 될 수 없다.

23.
성탄절은 성령 모독죄다

진정한 성탄절은 화려한 축제와 엄숙한 예배에 있는 것이 아니라,

거듭나서 구원받은 내 마음에 예수님이 보혜사 성령님으로

강림하시는 것이다.

[히브리서 7장]

1절 이 멜기세덱은 살렘왕이요 지극히 높으신 하나님의 제사장이
라 여러 왕을 쳐서 죽이고 돌아오는 아브라함을 만나 복을 빈
자라

2절 아브라함이 모든 것의 십분의 일을 그에게 나누어 주니라 그
이름을 해석하면 먼저는 의의 왕이요 다음은 살렘 왕이니 곧
평강의 왕이요

3절 아버지도 없고 족보도 없고 시작한 날도 없고 생명의 끝도 없
어 하나님의 아들과 닮아서 항상 제사장으로 있느니라

성경을 읽으면 궁금한 의문이 생긴다.

서유럽과 남유럽과 미국과 우리나라를 비롯한 전 세계 많은 나라
들에서 매년 12월 25일을 예수 그리스도가 이 세상에 태어나신 성탄
절로 성대하게 기념하며 지켜 오고 있다.

포털사이트 네이버에서 검색을 하니, 로마제국에서 태양신의 탄
생일인 12월 25일이 예수 탄생일로 대체되었다는 설과 함께 서기
350년에 교황 율리오 1세가 12월 25일을 예수의 생일로 공식 선언하
여 오늘날에 이른다고 기술되어 있다.

필자는 어둠인 밤이 가장 길고 낮이 가장 짧은 이날을 기점으로
해서 동시에 어둠인 밤이 점점 짧아지고 낮이 점점 길어지는 동지쯤
에 빛으로 오신 예수님의 강림을 성탄절로 정하지 않았을까 하고 추
정해 본다.

그런데 정작 성경을 아무리 읽고 샅샅이 검색하고 찾아봐도 예수

님이 태어난 날짜는 찾을 수가 없다. 예수님의 생일만이 아니라 십자가에서 죽으신 날짜도 성경에 기록되어 있지 않고, 무덤에서 부활하신 날짜와 하늘로 승천하신 날짜도 기록되어 있지 않다.

이것은 무엇을 의미하는 것일까?

그 해답을 히브리서 7장 3절에서 찾을 수 있었다.

아버지도 없고 족보도 없고 시작한 날도 없고 생명의 끝도 없는 멜기세덱의 반차(班次 : 품계나 신분, 등급의 차례, 반열과 뜻이 같음)를 따라 이 땅에 강림하신 하나님이신 예수님에겐 생일이 있을 수 없고 제삿날도 있을 수 없다는 것이다.

[요한계시록 22장]

13절 나는 알파와 오메가요 처음과 마지막이요 시작과 마침이라

점으로 이어진 선과 선으로 만들어진 원에서 처음은 어디고 마지막은 어디인지 찾을 수 있는가? 또 점으로 이어진 선과 선으로 만들어진 원에서 시작점과 마침점을 구분할 수 있는가?

정답은 '구분할 수 없고 찾을 수 없다'이다.

태어난 날도 없고 죽은 날도 없는 하나님이신 예수님의 세상 강림을, 거룩한 성탄절이라는 사탄의 사상을 사람들 마음에 넣어서 창조주이시며 하나님이신 예수님을 피조물인 사람으로 격하한 것이다.

그래서 예수님을, 피조물인 석가모니와 공자와 소크라테스와 함께 세계 4대 성인이라는 반열에 묶어 두어 기독교인들이 성령모독죄를 자연스럽게 범하도록 유도하고 있는 것이다.

12월 25일 크리스마스가 예수님이 태어나신 성탄절이라고 세뇌되어 생각하고 믿는 사람들과 함께 살아가는 이 시대에, 그들을 설득하여 한 번에 이해시키긴 불가능하다.

그렇지만 우리 그리스도인들만이라도 이 세상 세태에 휩쓸리지 말고, 죄인을 구원하러 이 땅에 오신 예수님의 강림을 생일로 받아들이는 성령모독죄를 범하지 말자.

[베드로후서 1장]
16절 우리 주 예수 그리스도의 능력과 강림하심을 너희에게 알게 한 것이 교묘히 만든 이야기를 따른 것이 아니요 우리는 그의 크신 위엄을 친히 본 자라

사도 베드로는 하나님이신 예수님과 함께 생활한 사람이다. 이런 사도 베드로도 예수님의 오심을 성탄이 아닌 '강림'으로 말했다.

성탄(聖誕)은 성스러운 탄생으로 생일이긴 마찬가지다.

사탄의 간교한 말장난에 속지 말기를 바란다.

[사도행전 2장]
38절 베드로가 이르되 너희가 회개하여 각각 예수 그리스도의 이름으로 세례를 받고 죄사함을 받으라 그리하면 성령의 선물을 받으리니
39절 이 약속은 너희와 너희 자녀와 모든 먼 데 사람 주 우리 하나님이 얼마든지 부르시는 자들에게 하신 것이라 하고

진정한 예수님의 성탄은, 예수 그리스도의 십자가 보혈로 모든 죄를 흰 눈보다 더 희고 깨끗하게 사함받을 때, 우리 안에 성령님이 임재하시고, 이날이 바로 진짜 예수님이 내 안에 태어나신 성탄절이다.

24.
진화론의 모순

사람의 원조상이 원숭이라면, 사람과 원숭이 간에 피를 주고받는

수혈과 각종 장기이식수술도 가능하지 않을까?

[창세기 1장]

1절 태초에 하나님이 천지를 창조하시니라

27절 하나님이 자기 형상 곧 하나님의 형상대로 사람을 창조하시
되 남자와 여자를 창조하시고

28절 하나님이 그들에게 복을 주시며 하나님이 그들에게 이르시
되 생육하고 번성하여 땅에 충만하라, 땅을 정복하라, 바다
의 물고기와 하늘의 새와 땅에 움직이는 모든 생물을 다스리
라 하시니라

[히브리서 3장]

4절 집마다 만든 이가 있으니 만물을 지으신 이는 하나님이시라

지난 문재인 정부 때, 중소벤처기업부 장관 후보자가 자신의 종교
와 신념에 따라 진화론을 부정하고 창조론을 옹호했다가 정치권과
언론계와 학계로부터 엄청난 비난을 받고 장관 후보자 직에서 물러
난 장관 후보자 인사청문회가 있었다.

진화론과 창조론은 서로 대립되는 학설이지만 학교와 교육계 등
에서는 진화론이 우세한 것이 현실인 것 같다.

그러나 본장은 하나님의 말씀과, 하나님의 말씀을 믿는 기독교인
들을 대상으로 펼치는 장이다.

하여 하나님의 말씀을 근거로 창조론의 당위성을 제시하여 진화
론의 모순점을 드러내고자 한다.

남자와 여자가 결혼하여 자식을 낳는 것은 종족 보존을 위한 창조

주 하나님의 섭리(攝理)다.

남녀가 결혼하여 아들과 딸을 낳지 않고 각자가 자기 일하며 재산 증식만 이룬다면, 무엇 때문에 열심히 일하는가 하며, 사는 보람을 갖지 못하고 즐거움도 없을 것이다.

하나님이 이 세상 천지우주만물을 창조하시고, 하나님의 대리권자로 여호와 하나님의 창조물을 사용하며 행복해하고 감사할 줄 아는 사람을 창조하지 않으셨다면, 하나님도 자식 없는 사람같이 즐거움과 보람을 모르고 낙담하셨을 거 같다.

사람은 동물, 그중에서도 원숭이와 달리 하나님의 생령을 코로 받아서 하나님과 형상이 같은 영적 존재다.

그리고 땅을 정복하며 바다의 물고기와 하늘의 새와 땅에서 움직이는 모든 생물을 다스리는 권세를 하나님으로부터 위임받은 존재다. 사람에 대한 하나님의 창조섭리를 모르고 원숭이가 진화하여 사람이 되었다고 주장하는 진화론자들은 사람을 무시하는 것이고, 사람인 자기 자신을 동물로 비하하는 무식한 자들이다.

그리고 진화론의 학설과 주장 및 연구 결과들은 단일한 것이 없고 다양하며 세월이 지나면 이랬다저랬다 바뀌는 경우가 종종 있다.

진리는 바뀌지 않는 것인데, 진화론 학설은 발견되는 뼛조각과 유물에 따라 이랬다저랬다 하니 신뢰가 안 간다.

인간의 진화를 주장하는 학설 중에, 물속에 사는 해양 생물이 진화에 진화를 거듭해서 원숭이가 되었고, 또 오랜 세월을 거쳐 원숭이가 유인원으로 진화하였고, 유인원이 진화에 진화를 거쳐 지금의 인간이 되었다는 것이다.

쉽게 말해 원숭이가 인간이 되었다는 것인데, 이런 주장을 하는 사람들은 다음의 질문에 답을 해야 할 것이다.

병원에서 치료받는 환자 중에 과다출혈로 긴급 수혈을 필요로 하는 응급환자와, 입원환자 및 내원환자가 있다. 원숭이가 사람으로 진화되었다면 사람과 원숭이 중에 혈액형이 맞는 상대가 있을 것이고, 혈액형이 맞는 사람과 원숭이는 피가 부족해 수혈이 필요할 때 서로 피를 주고받으면 된다. 그리고 평상시에 원숭이의 혈액정보와 유전자 정보를 저장해 두는 민간 의료기관이나 국가 의료기관을 설립, 운영한다. 그리고 돼지 장기에 인간의 유전자를 주입해서 성장시킨, 부작용이 우려되는 돼지의 장기를 사람 몸에 이식할 필요 없이, 민간이나 국가의료기관에 저장된 원숭이의 혈액정보와 유전자 정보가 일치하는 사람인 환자에게 수혈하거나 장기 이식하면 된다.

그런데 현실에선 인간과 원숭이 간에 장기이식이나 피를 주고받는 수혈이 이루어졌다는 말이나 뉴스를 들은 적이 없다. 더 나아가 사람들은 절대자인 신을 믿고 기도를 하는데, 기도하는 원숭이? 소문에라도 들어 본 적이 없다.

그러면 진화론자들은 이렇게 억지주장을 할 수도 있겠다.

그건 신체의 겉모습인 육체가 진화한 거지, 피나 유전자는 진화의 대상이 아니라고 주장하면, 진화론자들의 주장은 더 이상 설득력이 없다.

그리고 진화론자들은 하나님의 천지창조를 부정하고 반박하는 근거로, 성경 창세기의 창조순서와 과정이 모순된다고 반박하며 주장한다.

하나님이 천지우주만물을 창조하실 때, 빛과 어둠을 창조한 첫날부터 안식하신 7일째까지 7일을 일곱 과정으로 구분하셨다.

단계와 과정이라는 진화론에 익숙한 사람들은, 하루가 24시간이라는 그 짧은 시간과 기간에 천지창조의 과정이 다 어떻게 이루어질 수 있단 말인가 하며 의문을 갖는다.

[베드로후서 3장]

8절 사랑하는 자들아 주께는 하루가 천 년 같고 천 년이 하루 같다는 이 한 가지를 잊지 말라

[요한계시록 22장]

13절 나는 알파와 오메가요 처음과 마지막이요 시작과 마침이라

지구의 자전과 공전으로 과거, 현재, 미래와 어제, 오늘, 내일이라는 시간계가 만들어졌고, 시간계의 한계 안에서 살고 있는 사람의 짧은 지식과 생각으로 하나님의 세계를 판단하면 이해할 수 없고 답을 찾을 수 없는 것이 당연하다.

영원계의 주인이신 하나님께는 하루나 천 년이나 만 년이나 구분 없이 다 똑같다.

시작과 마침이 구분되지 않으며, 처음과 마지막도 구분되지 않는 알파와 오메가이신 영원계에 계시는 하나님을, 우리가 살고 있는 태양계에 속한 지구의 시간계 관념으로 이해하고 해석하려 하면, '왜? 어떻게?'라는 의문만 생기고 답이 없다.

하나님의 세계인 영원계는 시작도 없고 끝도 없는 영원무궁한 무한대이다.

그렇게 답을 찾으려다 찾지 못하고 찾다가 지치면, 성경이 틀렸다고 비난하고 핑계하며 포기한다.

[창세기 1장]
3절 하나님이 이르시되 빛이 있으라 하시니 빛이 있었고

하나님이 첫째 날 빛이 있으라 하셔서 말씀대로 빛이 있었다는 것은, 모든 생명체가 호흡할 때 꼭 필요한 공기가 만들어졌고, 지구의 자전으로 공기가 태양에 반응하여 빛을 내는 낮과, 공기가 태양에 반응하지 못해서 어둠인 밤으로 낮과 밤이 구분되었을 것이라고 필자는 생각한다.

[창세기 1장]
6절 하나님이 이르시되 물 가운데 궁창이 있어 물과 물로 나뉘라 하시고

하나님은 둘째 날 궁창, 하늘을 만드셨고, 하늘 위의 물과 하늘 아래의 물로 나뉘었다고 말씀하셨다. 하늘 위의 물은 구름이다. 사람을 비롯한 각종 생명체를 만드시기 전에, 생명체가 살아가는 데 필요한 공간을 마련하시기 위해 물을 궁창 위의 물과 궁창 아래의 물로 분리하셨다고 말씀하셨다.

질서의 하나님은 사람과 동물과 식물들이 살아가는 데 필요한 물과 공기와 공간을 만드시고, 셋째 날과 넷째 날과 다섯째 날의 과정을 거쳐 여섯째 날에 사람을 만드셨고, 일곱째 날에 안식하셨다고 말씀으로 증거하셨다.

베드로후서 3장 8절에서는 사랑하는 자들아 주께는 하루가 천 년 같고, 천 년이 하루 같다는 사실을 잊지 말라고 말씀하셨다.

하나님의 하루를 시간계에 속한 24시간으로 한정하지 말고, 하나님의 하루는 천 년, 만 년, 무한대로 끝이 없다고 필자의 생각이 아닌 하나님의 말씀이 증거해 주신다.

그래서 창세기에 저녁이 되고 아침이 되니 첫째 날, 둘째 날, 셋째 날 등으로 구분하신 것은, 창조의 한 과정을 알아듣기 쉽게 표현하신 것이라 생각한다.

[창세기 2장]
7절 여호와 하나님이 땅의 흙으로 사람을 지으시고 생기를 그 코에 불어 넣으시니 사람이 생령이 되니라

하나님은 사람 외에 다른 어느 생명체에게도 하나님의 생기를 불어넣어 주셨다고 말씀하지 않으셨다.

하나님의 형상은 보이지 않지만 존재하시는 영(靈)이다.

하나님의 형상대로 사람을 만들었다는 것은, 사람의 본체는 육체가 아니라 보이지 않는 영이라는 것이다.

그 증거가 창세기 2장 7절의 말씀에서 하나님의 생기를 그 코에

불어 넣으시니 사람이 생령이 되었다는 것이다.

그래서 사람만이 신(神)을 찾고 종교를 만들며, 죽어서 좋은 곳에 가고자 하는 내세사상(來世思想), 다음 세상을 원한다.

이상이 하나님의 창조론에 대한 진화론의 모순을 부각한 것이고 판단은 독자에게 맡긴다.

25.

미국이 이스라엘 편을 드는 이유

하나님은 과거만의 하나님이 아니다.

겉으로 볼 때는 유태인이 미국을 움직여서

이스라엘 나라를 지켜 주는 것 같지만,

실제로는 하나님이 아브라함에게 하신 약속을 이행하고 계신 거다.

이 글을 쓰고 있는 어제 오늘의 뉴스를 접하고 있노라면, 이스라엘과 이에 대적하고 있는 이란 및 무장단체 하마스와 헤즈볼라의 테러와 전쟁 뉴스가 끝없이 들려온다.

무장단체 하마스와 헤즈볼라의 대원들이 가자지구 피난민들 사이에 함께 뒤섞여 있고, 무장단체의 본부로 사용한다고 판단 한 학교 건물에 대하여 이스라엘이 미사일 공격을 감행하여, 이 학교 건물에서만 200여 명 이상의 많은 사상자가 발생하였다고 한다.

이스라엘은 팔레스타인들이 거주하는 서안지구에 인종차별주의적인 분리장벽을 설치하여 UN과 국제사회로부터 비난을 받고 있다.

이스라엘과 팔레스타인은 영토 문제로 테러와 전쟁을 하니까 인명의 살상과 재산피해 및 인권문제가 발생하는 것이 이상하지 않을 수도 있다고 생각할 수 있다.

그런데 서방 측의 일방적인 뉴스임에도 불구하고 팔레스타인과 주변 아랍국들에게 감행하고 있는 이스라엘의 대담한 공격과 인권탄압에 대한 뉴스는 계속하여 들려온다.

세계의 경찰국가라 자임하며 전 세계 주요 국가들에 대하여 인권지수를 점수로 매겨 비판과 비난과 제재를 주저하지 않는 미국이 이스라엘에 대해서만은 꿀 먹은 벙어리가 되어 있다.

꿀 먹은 벙어리에 머무는 게 아니라, 오히려 이스라엘 편에 서서 각종 무기지원은 물론, UN과 각종 국제무대에서 적극적이며 편파적인 외교지원을 아끼지 않는다.

사람들은 미국 내의 유태인의 세력이 막강하기 때문이라고 한다. 미국 내의 유태인이 정계, 금융, 언론, 산업자본과 영화산업의 메카인 할리우드까지 장악하고 있기 때문에 미국의 정치권은 물론 모든 분야에서 유태인을 무시 못 하는 것이라고 한다.

세계를 움직이는 것은 미국이고, 그 막강한 미국을 쥐락펴락하며 움직이는 것은 유태인이라 하는데, 필자는 다른 시각, 하나님의 시각으로 보고 말하려 한다.

이는 어디까지나 성경을 읽고 기도하는 중에 하나님이 알려 주셔서 글로 옮긴 것이니 다른 생각과 판단을 가진 사람들의 공감이나 비판은 자유다.

[창세기 12장]

1절 여호와께서 아브람에게 이르시되 너는 너의 고향과 친척과 아버지의 집을 떠나 내가 네게 보여 줄 땅으로 가라

2절 내가 너로 큰 민족을 이루고 네게 복을 주어 네 이름을 창대하게 하리니 너는 복이 될지라

3절 너를 축복하는 자에게는 내가 복을 내리고 너를 저주하는 자에게는 내가 저주하리니 땅의 모든 족속이 너로 말미암아 복을 얻을 것이라 하신지라

전 세계적으로 유태인이 가장 활발하게 활동하고 있는 나라는 미국이고 누구도 부인 못 할 것이다.

유태인은 아브라함과 이삭과 야곱(이스라엘)으로 이어지는 조상을 둔, 하나님과 아브라함에게는 약속의 후손들이다.

아브라함은 아내 사라 사이에서의 아들 이삭 말고도 애굽 출신인

사라의 여종 하갈 사이에서도 아들 이스마엘을 낳았다. 아브라함은 아내 사라가 죽은 이후에도 사라 이외의 여자들 사이에서 아들들과 딸들을 낳았다는 기록이 성경에 있다.

아브라함의 아들 이삭은 아내 리브가 사이에서 쌍둥이 아들 에서와 야곱을 낳았고, 야곱은 차남인 둘째 아들이다. 야곱은 외삼촌 라반의 딸들인 라헬과 레아 두 사람을 아내로 두었고, 이후 라헬과 레아의 여종 2명을 더하여 합 4명의 여자들을 통해 예수님의 족보와 연결되는 넷째 아들 유다와 함께 12 아들들과 딸 디나를 낳았다.

하나님이 인정하는 아브라함의 후손은 사라의 소생으로 약속의 아들들인 이삭과 야곱과 야곱의 12 아들들의 후손이다. 하나님의 천사와 씨름해서 이긴 야곱에게 하나님은 야곱의 이름을 이스라엘로 개명하여 주셨고, 이스라엘의 후손들이 유대교를 믿는 민족이라 해서 유태인이라 불리게 되었다.

너를 축복하는 자에게 하나님이 복을 주시고 저주하는 자에겐 저주하신다는 것은, 하나님이 아브라함에게 약속으로 주신 후손 이삭과 이스라엘과, 이스라엘의 12 아들들의 후손들인 유태인에게 하신 약속인 것이다.

하나님이 믿음의 조상 아브라함에게 약속하신 것은, 유태인에게만 해당되는 게 아니라고 본다. 이는 아브라함과 동일한 믿음으로, 영적인 아브라함의 후손이 된 그리스도인들에게도 적용되는 하나님의 약속이다.

미국은 미국 내의 유태인들과, 국가인 이스라엘의 주장과 요구를 거부하지 못하고 언제나 이스라엘 편이 되어 준다.

겉으로 볼 때는 미국이 미국에 살고 있는 유태인들의 권력과 자본 및 여론에 굴복해서 끌려가는 것 같지만, 필자는 그렇게만 생각하지 않는다.

이스라엘과 유태인들 뒤에는 보이지 않는 힘, 하나님이 계신다. 너를 축복하는 자에게는 복을, 저주하는 자에게는 저주를 주신다고 하나님이 아브라함에게 약속하신 것은, 아브라함 당대에만 한정된 약속이 아니라, 이삭과 야곱에서 개명한 이스라엘과 이스라엘의 12 아들들의 후손인 오늘날의 유태인들과 미래의 유태인들에게까지 적용되고 계승되어지는 하나님의 약속이라고 필자는 생각한다. 이 생각은, 거듭나서 구원받은 지 얼마 안 되는 지난 2003년 봄 어느 날 기도하는데 나로서는 생각할 수도 없는 이런 생각을 하나님이 주셨다.

미국의 현명한 정치 지도자들과 종교 지도자들이 이 비밀을 알고 있기 때문에, 미국은 세계 여론의 따가운 비판을 감수하면서까지도 유태인과 이스라엘을 외면하지 못하고 무시하지 않으며 무조건 이스라엘 편을 드는 거다.

그래서 미국의 번영과 세계를 제패하는 원동력은, 지금도 살아서 역사하시는 하나님의 보호와 인도를 받는 아브라함의 후손들인 유태인들이다.

이스라엘이 일방적으로 설치한 팔레스타인 서안지구 콘크리트장벽